Le futur du travail

Juan Sebastián Carbonell

Le futur du travail

Éditions Amsterdam
2022

Juan Sebastián Carbonell est sociologue du travail et des relations professionnelles. Il est auteur de plusieurs articles scientifiques sur le changement sociotechnique dans l'industrie automobile française. Il a participé à la traduction de *Conversations avec Bourdieu* de Michael Burawoy (Amsterdam, 2019).

Éditions Amsterdam
13-15, rue Henri-Regnault
75014 Paris
www.editionsamsterdam.fr
amsterdam@editionsamsterdam.fr

ISBN : 978-2-35480-243-1
Diffusion-distribution :
Les Belles Lettres

Sommaire

Introduction

Dans *Le Pianiste déchaîné*, Kurt Vonnegut décrit une nouvelle société qui a émergé dans le sillage d'une guerre mondiale entre les États-Unis et une autre puissance, où la division entre travailleurs et capitalistes n'est plus d'actualité. Le départ de la plupart des hommes au front a en effet forcé les ingénieurs à se passer d'eux dans les entreprises. Une fois revenus de la guerre, les soldats n'ont plus trouvé d'emplois à occuper. L'humanité est donc désormais divisée entre, d'un côté, des ingénieurs et des administrateurs d'usines entièrement automatisées et, de l'autre côté, des « inutiles au monde ».

Le gouvernement, conscient du danger que représente une armée de chômeurs plus grande que jamais, leur fournit alors un revenu de base, financé par des impôts sur les machines, et les occupe avec des tâches plus ou moins futiles dans des corps de reconstruction et de récupération. Dans ce nouveau monde, ce sont les ingénieurs, et non plus les capitalistes, qui détiennent le pouvoir. Cependant, les ingénieurs eux-mêmes ne sont pas à l'abri du risque de devenir superflus. L'invention d'un nouveau gadget par l'un d'entre eux le met lui-même et soixante-douze autres ingénieurs au chômage : ils se voient ainsi rejetés parmi les inutiles. À la fin du roman, les laissés-pour-compte de la modernité et du progrès, des êtres humains sans travail et donc sans but dans la vie, se soulèvent lors d'une insurrection visant à détruire les machines qui les ont mis au chômage.

Ce roman de science-fiction publié en 1952 est en partie inspiré de l'expérience de Vonnegut chez General Electric, où il a fait de la publicité pour les nouvelles machines-outils à commande numériques dans l'après-guerre. Celles-ci ont été introduites dans les usines du groupe comme un moyen de contourner le contrôle qu'exerçaient les tourneurs-fraiseurs sur le procès de production. Auparavant, ces ouvriers qualifiés – souvent syndiqués – pouvaient réguler le rythme auquel ils fabriquaient des pièces, tout en gardant la main sur les machines-outils, ce qui leur donnait le pouvoir *de facto* dans l'atelier. La commande numérique vise à changer cette situation. Celle-ci permet de décomposer les pièces en une représentation mathématique, puis en un code numérique. Ce code est ensuite lu par la machine, qui le traduit en signaux électriques, puis en mouvements. Pour le bureau des méthodes, ces nouvelles machines versatiles représentaient la promesse d'une réduction du coût de la main-d'œuvre et d'une maîtrise accrue du procès de travail, en ce qu'elles rendaient dispensable la qualification des ouvriers tourneurs-fraiseurs. *In fine*, les nouvelles machines devaient servir à se débarrasser de la plupart des ouvriers et à discipliner ceux qui restaient[1].

Au début des années 2020, ce n'est pas une guerre, mais une épidémie mondiale qui fait craindre la disparition de millions d'emplois. En effet, les robots présentent l'avantage de ne pas tomber malades – et aussi de ne pas se syndiquer et de ne pas faire grève. Le rêve d'une usine sans ouvriers est aussi vieux que la révolution industrielle. Selon certains, ce rêve est enfin à portée de main, cela non pas grâce aux machines-outils à commande numérique, mais aux progrès dans le domaine de la robotique et de l'intelligence artificielle. On cite souvent comme exemple du futur du travail l'usine de voitures électriques Tesla de Fremont, en Californie, où est assemblé le Model 3 selon le principe du *lights-out manufacturing*, c'est-à-dire d'une production sans humain, entièrement réalisée dans le noir. Pour les plus pessimistes, ce genre d'exemples confirme que l'humanité se dirige vers le scénario décrit par Vonnegut, où nous serions tous désœuvrés à plus ou moins moyen terme. Pour les plus optimistes, il faut profiter de ce « grand remplacement technologique » pour enfin faire advenir le vieux rêve socialiste de paresse et d'oisiveté formulé par Paul Lafargue.

Plutôt que celle d'un corps de reconstruction et de récupération, l'armée de surnuméraires prend une

---

1. David F. Noble, *Forces of Production. A Social History of Industrial Automation*, New York, Knopf, 1984.

tout autre forme depuis l'épidémie de Covid-19. Vous travaillez depuis chez vous dans un métier intellectuel et vous avez besoin de vous faire livrer des fournitures pour télétravailleur ? Un « prestataire de service de livraison » sonne en bas pour vous livrer votre colis. Le soir, après une journée éreintante devant l'écran, vous commandez votre plat préféré sur une application de livraison de repas – quelques minutes plus tard, quelqu'un (de plus en plus souvent un travailleur sans papiers qui loue le compte de quelqu'un d'autre) le dépose en bas de chez vous. En fin de compte, vous n'avez plus besoin de sortir de chez vous : sur une application de services à domicile, en un clic, vous pouvez aussi réserver un coiffeur, une esthéticienne, une femme de ménage, une nounou ou un coach sportif.

Aucune de ces personnes n'est salariée. Elles travaillent toutes sous le statut de micro-entrepreneur. Elles ne bénéficient ni du salaire minimum, ni des congés payés, ni des allocations chômage, et, la plupart du temps, elles ne bénéficient d'aucune protection sociale. Après la disparition du travail, l'apparition de plateformes numériques fait craindre celle du salariat, remplacé par une foule de travailleurs indépendants, précaires et payés à la tâche. Ceux-ci sont liés aux plateformes numériques par un simple contrat commercial. L'épidémie mondiale de Covid-19 a rendu cette forme de travail à la fois plus présente et plus visible, en contribuant à ce qu'un nombre croissant d'acteurs se tourne vers des solutions digitales pour certains services à la personne et aux entreprises.

Les plateformes numériques ont permis une certaine continuité dans l'activité économique pendant les confinements successifs, dans un contexte où le recours à des contacts physiques avec un large public était inenvisageable[2]. Certains voient dans l'émergence de cette armée de travailleurs ubérisés le pendant d'une montée inéluctable du chômage sous l'effet combiné de l'automatisation, de la délocalisation de la production vers des pays à bas coût et de la désindustrialisation. Ils en déduisent que la société salariale que l'on a connue pendant les Trente Glorieuses serait en train de disparaître, remplacée par une nouvelle économie[3].

Cependant, contrairement aux idées reçues, le travail se maintient. Simplement, il se transforme, quand il ne se développe pas dans de nouveaux secteurs. La fortune de Jeff Bezos, ancien patron d'Amazon – et un des hommes les plus riches de la planète –, augmente de jour en jour. Il l'a construite sur la brillante idée de rendre accessible l'ensemble des marchandises du monde sur Internet, et sur l'exploitation de millions de préparateurs de commandes et de livreurs. De la même façon, malgré les discours triomphalistes sur la robotique, jamais autant de personnes n'ont travaillé dans l'industrie au niveau mondial. L'usine Tesla de Fremont, parangon de l'automatisation du travail, a dû faire marche arrière dans son rêve d'une robotisation totale.

2. OCDE, *The Role of Online Platforms in Weathering the COVID-19 Shock*, 8 janvier 2021.

3. Nick Srnicek, *Capitalisme de plateforme. L'hégémonie de l'économie numérique*, trad. fr. P. Blouin, Montréal, Lux, 2018.

Face aux nombreux problèmes occasionnés par la flexibilité des installations de l'usine, Elon Musk, le patron de Tesla, a déclaré que « l'automatisation excessive chez Tesla était une erreur » et que les humains étaient « sous-estimés » : en 2018, autour de 10 000 personnes travaillent sur le site, hors prestataires. Enfin, à contre-courant des discours enthousiastes sur la nouveauté radicale de l'économie digitale, le salariat coexiste toujours avec la mise en mouvement d'une armée de nouveaux prolétaires par les plateformes numériques[4], ce qui remet en cause le discours ambiant sur la dématérialisation de l'économie.

La fin du travail n'est pas qu'un fantasme de patrons et de journalistes : de nombreux intellectuels et universitaires se prêtent eux aussi aux prédictions et aux jeux de divination sur le futur du travail. On voit ainsi se développer partout dans le monde une littérature qui compile les exemples de métiers où le travail disparaît et où le salariat est remplacé par l'auto-emploi[5]. La situation, nous disent ces penseurs, serait grave : il y aurait urgence à tirer la sonnette d'alarme avant qu'il ne soit trop tard, et que les « inutiles au monde » se soulèvent contre leurs maîtres comme à la fin du *Pianiste déchaîné*.

4. Sarah Abdelnour, *Moi, petite entreprise. Les auto-entrepreneurs, de l'utopie à la réalité*, Paris, Puf, 2017.

5. Voir notamment Erik Brynjolfsson et Andrew McAfee, *The Second Machine Age: Work, Progress, and Prosperity in a Time of Brilliant Technologies*, New York, Norton & Company, 2014, ou Martin Ford, *L'Avènement des machines. Robots & intelligence artificielle : la menace d'un avenir sans emploi*, trad. fr. F. Devesa et P. Adams, Paris, FYP éditions, 2017.

On voit nombre de ces penseurs mettre en avant auprès du personnel politique la nécessité de prendre des mesures courageuses et novatrices telles que l'instauration du revenu universel, afin de faire face aux dangers qui guettent l'humanité.

Le but de ce livre est de revenir sur les idées reçues quant à l'avenir du travail, de montrer que celui-ci est loin de disparaître et même que, par bien des aspects, le futur du travail ressemble à son passé. Pour ainsi dire, nous continuons de vivre dans une « société fondée sur le travail[6] », où celui-ci demeure central. Cette centralité peut être considérée sous deux aspects. Elle est anthropologique, au sens où le travail est l'activité principale par laquelle on produit et on reproduit la société. Et elle est sociale, dans la mesure où le salariat demeure la norme en matière d'emploi et où le travail occupe une place centrale dans la vie des individus et dans les représentations sociales.

Cette double centralité du travail a trouvé son apogée pendant les Trente Glorieuses, dans ce qu'on a appelé la « société salariale[7] », c'est-à-dire un moment où le travail apparaissait comme la source des richesses dans la société et où le salariat était perçu comme une condition désirable et comme un facteur d'intégration sociale. Depuis, la centralité du travail n'a cessé d'être remise en cause. Le mouvement amorcé depuis le milieu

6. Dominique Méda, *Le Travail. Une valeur en voie de disparition ?*, Paris, Flammarion, 2010.

7. Robert Castel, *Les Métamorphoses de la question sociale. Une chronique du salariat*, Paris, Gallimard, 1995.

des années 1970 s'est accéléré avec la crise économique de 2008, la désindustrialisation dans les pays développés ayant fait craindre à certains la fin de la classe ouvrière.

Qu'en est-il réellement ? Le travail humain est-il menacé de remplacement par des machines et des algorithmes ? Le salariat est-il voué à disparaître ? Et, si ce n'est pas le cas, quelles formes le travail prend-il désormais ? Je mène des recherches depuis une dizaine d'années sur les transformations sociotechniques du travail, principalement dans l'industrie automobile. Je n'ai pas pu m'empêcher de constater le décalage abyssal entre les pronostics sur la fin du travail et la réalité du terrain ; entre ce que disent les futurologues et les apologistes de la *start-up nation*, d'une part, et ce que disent de façon très prosaïque les travaux de recherche ou les travailleurs eux-mêmes, d'autre part. Le but de cet ouvrage est de confronter ces deux points de vue et de montrer comment s'articulent aujourd'hui le travail et la société, afin d'ouvrir un débat sur les voies de l'émancipation du travail. Car cette voie reste pour l'heure obscurcie par les discours sur la fin du travail qui ont pour effet, souvent à dessein, de nous faire croire que le capitalisme est l'horizon indépassable de notre temps.

1

La fin du travail n'aura pas lieu

Dans un célèbre rapport publié en 2013, deux économistes d'Oxford estiment que l'automatisation du travail menacerait autour de 47 % de la totalité des emplois aux États-Unis[1]. En s'appuyant sur ce rapport, le site « Will Robots Take My Job? » vous permet de savoir quelle est la probabilité que votre emploi soit automatisé dans un futur proche[2]. Si vous être comptable, le site affirme que « vous êtes condamné ». Si vous êtes un conducteur de taxi, le site affirme que les voitures autonomes sont aux aguets. Inutile de vous poser la question si vous êtes un travailleur manuel, vous subissez sûrement déjà le « chômage technologique ». Ce « grand remplacement technologique » risque-t-il d'advenir ? Ce rapport fait partie d'une longue série de travaux contemporains

1. Carl Benedikt Frey et Michael A. Osborne, *The Future of Employment: How Susceptible Are Jobs to Computerisation?*, Oxford Martin School, *working paper*, 17 septembre 2013.
2. Voir le site Willrobotstakemyjob.com.

qui envisagent la perspective de la fin du travail. Ces travaux divergent sur quand et comment le travail sera remplacé par de nouveaux procédés techniques et ce qu'il adviendra de la société salariale après cette automatisation totale, mais tous s'accordent sur une chose : l'ère du travail arrive à sa fin.

Je voudrais prendre le contre-pied de cette thèse et défendre l'idée que le travail continue d'être une activité nécessaire à la société. Contrairement à une idée largement répandue, les nouvelles technologies ne font pas que supprimer du travail dans les entreprises. Elles ne servent pas non plus forcément à rendre le travail autonome, créatif et passionnant. Bien souvent, les nouvelles technologies contribuent à intensifier le travail, à déqualifier les salariés, quand ce n'est pas à les discipliner et à les surveiller. Loin des discours enflammés sur les nouvelles technologies, on n'assiste pas aujourd'hui à une disruption ou à une rupture en matière de travail. Dans la dynamique contemporaine du capitalisme, le travail comme les nouvelles technologies sont placés sous le sceau de la continuité.

Les débats sur les nouvelles technologies au travail sont obscurcis par les discours inquiets ou enthousiastes sur le futur des activités humaines. L'épidémie de Covid-19 et la crise sanitaire qu'elle a provoquée n'ont pas arrangé les choses, puisqu'elles ont ravivé les angoisses quant à la fin du travail en montrant qu'une économie à l'arrêt devrait pouvoir se passer de ses travailleurs. La hausse des transactions en ligne consécutive aux restrictions sanitaires, et notamment aux confinements successifs, a provoqué une pénurie de main-d'œuvre qui a poussé les entrepôts logistiques à se tourner vers la robotisation. De la même manière, le secteur de l'hôtellerie, fortement affecté par l'épidémie, a investi dans des robots à UV pour désinfecter les chambres d'hôtel[3]. Enfin, dans certaines villes des États-Unis, on a pu voir, pendant les quarantaines, de petits robots à quatre roues livrer des repas aux résidents enfermés chez eux[4]. Certains ont alors appelé à la robotisation du travail, au nom du bien-être et de la sécurité des travailleurs des métiers dits « essentiels[5] ». S'il n'y a pas d'humains sur les lieux de travail, plus besoin de se poser la question de la distanciation sociale.

De tels exemples sont de plus en plus fréquents et continuent d'alimenter les inquiétudes à l'égard de l'automatisation. Cependant, c'est mal comprendre ce que les nouvelles technologies font au travail que de croire que l'automatisation se résume à remplacer un être humain par une machine ou un logiciel. Je crois au contraire que le travail humain reste central dans la manière dont nos sociétés produisent et reproduisent leur existence matérielle. Loin de disparaître, la demande de travail augmente sous de nouvelles formes. L'automatisation est un concept qui, en fait, obscurcit

3. « In hotels and beyond, UV light robots and lamps could help protect against coronavirus », *ABC News*, 12 juin 2020, en ligne.

4. « COVID-19 driving delivery robots boom as shoppers opt for alternatives », Euronews, 18 juin 2020.

5. « Pandemic boosts automation and robotics », *Financial Times*, 21 octobre 2020.

plus qu'il n'éclaircit la question du futur du travail, car il désigne davantage un principe qu'une pratique. D'un côté, l'automatisation est un phénomène partiel. On n'automatise pas toujours l'entièreté d'une activité, mais souvent certaines tâches seulement. De l'autre côté, derrière les mécanismes « automatiques » se cache bien souvent une armée de travailleurs invisibles dont le but est de fabriquer, alimenter, faire fonctionner et entretenir les machines ou les logiciels. C'est pour cela que l'automatisation est toujours ambivalente et limitée, et que les conséquences des nouvelles technologies au travail sont multiples : elles ne se limitent pas à un « grand remplacement technologique », loin de là. Les rapports entre automatisation et emploi sont complexes, notamment car le nombre d'emplois supprimés par ce processus est difficile à évaluer. Si on s'intéresse aux effets concrets des nouvelles technologies au travail, on voit que celles-ci en déplacent les frontières, qu'elles contribuent à créer de nouvelles formes d'emploi aux marges du salariat, plus précaires et souvent invisibles. Plus qu'à la fin du travail, on assiste désormais à l'apparition d'un nouveau prolétariat du numérique.

Ce que les nouvelles technologies font au travail

De quoi parle-t-on lorsqu'on parle d'automatisation du travail ? Comme c'est très souvent le cas, la réalité est très éloignée des discours dominants. Les médias et le sens commun, tout comme les discours savants sur l'automatisation, sont victimes de préjugés technophiles ou technophobes. L'automatisation est un phénomène incompris. On le trouve souvent identifié au remplacement du travail humain par l'action d'un robot, d'une machine ou d'un logiciel. Or il ne s'agit là que de l'une des multiples conséquences des nouvelles technologies sur le travail.

L'automatisation recouvre des réalités très différentes selon le secteur d'activité envisagé et le but recherché. Pour ne prendre que l'exemple de l'industrie, les problèmes posés par l'automatisation du travail sont radicalement différents, presque incommensurables, selon la branche considérée – et d'abord du fait de la diversité des procédés de production. Dans les industries de flux (dont l'exemple paradigmatique est la pétrochimie), le procès de travail consiste à modifier les propriétés physico-chimiques de la matière, tandis que dans les industries de série (dont l'exemple paradigmatique est la construction automobile), il s'agit de donner une forme à de la matière (par pression, torsion, enlèvement ou addition). Automatiser une raffinerie ou une usine d'assemblage de voitures revient donc à mettre en place des procédés techniques très différents[6].

De la même manière, il existe une multitude de classifications concurrentes des automates, comme il existe plusieurs définitions de « machine » ou de « robot ». Je voudrais éviter ce débat de spécialistes en rappelant

6. Benjamin Coriat, *La Robotique*, Paris, La Découverte/Maspero, 1983, p. 9.

tout d'abord que les différentes classifications et définitions rencontrent toutes une limite importante. Harry Braverman a été ouvrier et militant aux États-Unis avant de devenir éditeur et d'écrire, en 1974, *Travail et capitalisme monopoliste*, un des ouvrages les plus importants publiés sur le travail dans le domaine des sciences sociales. Il y rappelle qu'une machine – et l'on pourrait dire, par extension, tout procédé technique – est avant tout un « artefact social[7] ». En cela, elle peut être définie de deux points de vue : du point de vue des ingénieurs et des managers, à partir de ses propriétés techniques (sa taille, sa vitesse, ses matériaux, sa fonction, etc.), mais elle peut l'être aussi du point de vue des travailleurs et de ses conséquences sur leur travail. Adopter le point de vue du travail tel qu'il se fait permet d'échapper aux discussions purement techniques et de s'épargner les débats scolastiques sur l'automatisation du travail.

Mais comment, donc, définir ce phénomène ? On peut identifier quatre conséquences des nouvelles technologies sur le travail : sno remplacement, sa déqualification/requalification, son intensification et son contrôle. Celle qui attire le plus d'attention et fait l'objet du plus grand nombre de fantasmes est la *substitution*, où le « travail vivant », c'est-à-dire le travail humain producteur de marchandises, est remplacé par du « travail mort », autrement dit des moyens techniques (comme les machines) dont la mise en mouvement

7. Harry Braverman, *Travail et capitalisme monopoliste. La dégradation du travail au XXe siècle*, trad. fr. D. Letellier et S. Niémetz, Paris, François Maspero, 1976, p. 156.

nécessite une intervention humaine. Reprenons de cette forme d'automatisation la définition précise qu'en donne Benjamin Coriat : « On dira que relève de l'*automatisation de substitution* toute procédure d'automatisation visant, dans les travaux d'exécution, à évincer des modes opératoires effectués manuellement pour y substituer, entièrement ou non, une activité réglée de manière mécanique ou électronique[8]. » Cette définition doit être actualisée pour inclure l'informatique parmi les dispositifs susceptibles de régler l'activité. Coriat donne l'exemple de l'atelier de peinture dans une usine de la filière automobile : un robot peut enregistrer toutes les vingt millisecondes la position de l'outil d'un ouvrier peintre, ce robot est ensuite capable de reproduire exactement toute la séquence de l'opération qui a été enregistrée et, ainsi, de confisquer des séquences entières du travail ouvrier. Le poste de travail disparaît. Plus les tâches sont simples et répétitives, plus elles peuvent facilement être remplacées par des procédés techniques.

L'attention portée au processus de substitution tient sans doute au fait que dans certaines industries, comme la sidérurgie, le remplacement du travail vivant par du travail mort a été un des principaux leviers de réduction de la masse salariale (même si pas le seul)[9]. Dans ce secteur, le travail a été progressivement « démanualisé »

8. Benjamin Coriat, *La Robotique*, *op. cit.*, p. 66, souligné par l'auteur.
9. Cédric Lomba, *La Restructuration permanente de la condition ouvrière. De Cockerill à ArcelorMittal*, Vulaines-sur-Seine, Le Croquant, 2018, p. 107-112.

à travers l'informatisation d'une partie de l'activité : en trente ans, les effectifs d'un laminoir ont pu être réduits de deux tiers. Augmenter la régularité des flux peut aussi permettre une économie de moyens humains : la substitution permet un gain de temps dans la gestion des biens en circulation. Notons au passage qu'une telle économie peut éviter à des humains d'avoir à réaliser des travaux dangereux ou dans des zones difficilement accessibles.

En outre, parallèlement au processus de substitution, l'automatisation provoque un processus de *déqualification/requalification* du travail. Lorsque certaines tâches sont supprimées, le travail restant peut être redistribué dans l'atelier ou dans le bureau. Cette redistribution prend souvent la forme d'un double mouvement : tandis qu'une partie de la main-d'œuvre est déqualifiée ou déclassée, une autre est requalifiée ou reclassée. La décomposition d'un travail qualifié en un ensemble de gestes simples par le bureau des méthodes est une des principales dynamiques de l'organisation du travail sous le capitalisme. Une fois simplifiés et codés, ces gestes peuvent facilement être transférés à un dispositif automatique sous contrôle du management[10]. Les technologies de l'information approfondissent cette dynamique donnant naissance à une « taylorisation assistée par ordinateur[11] ». Un effet de long terme de cette dynamique de

10. Paul Thompson, *The Nature of Work. An Introduction to the Debates on the Labour Process*, Basingstoke, The Macmillan Press, 1989.

11. Benjamin Coriat, *L'Atelier et le Robot. Essai sur le fordisme et la production de masse à l'âge de l'électronique*, Paris, Christian Bourgois, 1990, p. 220.

déqualification par la technique est une tendance à l'homogénéisation du salariat. Par exemple, les employés de bureau, autrefois proches socialement des employeurs, se trouvent relégués aux côtés des ouvriers de l'industrie, dans la hiérarchie sociale et salariale.

Il faut néanmoins souligner que l'automatisation de tâches simples peut aussi impliquer, dans certains cas, le maintien du travail sous une forme plus qualifiée : manutention, alimentation ou programmation des machines, ou encore surveillance-contrôle des installations dans certaines industries. Pierre Naville donne, en 1963, un exemple de remplacement et de déplacement de la main-d'œuvre dans le cas d'une usine chimique : dans cette usine employant 1 000 salariés, suite à l'automatisation de la production, le nombre d'ouvriers de production baisse de 700 à 550, tandis que le nombre d'ouvriers d'entretien augmente de 300 à 450. Ces changements s'accompagnent d'une modification de la nature du travail. Les ouvriers de production étaient ainsi amenés à intervenir moins directement sur la production et à s'appuyer davantage sur les machines. Cette évolution n'est pas anodine : elle s'apparente, pour les ouvriers concernés, à une véritable exigence de reconversion ou de requalification. Il est donc parfois plus simple pour l'employeur de les licencier[12]. Et maintenir le travail sous une forme plus qualifiée produit parfois des résultats contrastés : la qualification des

12. Pierre Naville, *Vers l'automatisme social ? Problèmes du travail et de l'automation*, Paris, Gallimard, 1963.

uns peut, en effet, avoir pour contrepartie la déqualification des autres, comme on l'observe dans l'industrie automobile, où la requalification des opérateurs dans certains ateliers (devenus conducteurs ou dépanneurs de lignes robotisées) s'est faite à travers la déqualification des professionnels d'entretien (qui perdent en autonomie lorsqu'ils se voient affectés à une ligne sous l'autorité d'un contremaître)[13].

L'automatisation peut avoir un troisième type de conséquences : l'*intensification* du travail. Cette expression peut recouvrir une multitude de phénomènes : l'augmentation des rythmes de travail, la dégradation de la santé et de la sécurité au travail, la hausse de la charge physique, ou encore l'accentuation de la charge mentale[14]. En outre, elle est difficile à objectiver et comporte une dimension subjective importante[15].

Un des buts que se donnent généralement les employeurs est d'augmenter la productivité du travail. Si certaines tâches sont substituées par des procédés techniques, c'est aussi pour que les salariés se concentrent sur celles qui apportent le plus de valeur ajoutée. Dans ce cas, la réorganisation du travail aboutit à davantage de travail pour le salarié. L'intensification grâce

13. Michel Freyssenet, « La requalification des opérateurs et la forme sociale actuelle d'automatisation », *Sociologie du travail*, n° 26/4, 1984, p. 422-433.
14. Philippe Askenazy, « Sur les sources de l'intensification », *Revue économique*, vol. 56, n° 2, 2005, p. 217-236.
15. Nicolas Hatzfeld, « L'intensification du travail en débat. Ethnographie et histoire aux chaînes de Peugeot-Sochaux », *Sociologie du travail*, vol. 46, n° 3, 2004, p. 291-307.

à des nouvelles technologies consiste donc à obtenir plus de dépense de travail effective pour un temps de travail et une qualification données. Les conséquences de cette intensification du travail sont nombreuses et bien documentées : fatigue, maladies professionnelles, accidents, etc.

Enfin, quatrièmement, la question des nouvelles technologies n'est pas qu'une question de grille de salaires ou de fiche de poste. Elle est intimement liée à la question du pouvoir dans les ateliers ou les bureaux, et détermine en grande partie qui, des salariés ou du management, exerce le contrôle sur le procès de travail. Déqualifier le personnel permet donc aussi d'accroître le *contrôle* sur le procès de travail, d'imposer une certaine manière de faire et un certain rythme. Ce n'est pas un hasard si les syndicats ont longtemps dénoncé les nouvelles technologies comme un moyen de surveiller les salariés. On peut penser à l'exemple du *Daily Telegraph*, où des capteurs de mouvement ont été installés à l'insu des salariés du journal dans leurs bureaux afin de contrôler leur temps de présence devant leur ordinateur[16], et aux dispositifs qui mesurent le temps d'utilisation des machines dans l'industrie : avec ceux-ci, l'encadrement peut savoir quand les machines s'arrêtent et si les ouvriers ont pris une pause trop longue.

16. Ifeoma Ajunwa, Kate Crawford et Jason Schultz, « Limitless Worker Surveillance », *California Law Review*, n° 105/3, 2017, p. 735-776.

On peut donner deux exemples de l'interaction entre ces différents processus de substitution, déqualification/requalification, intensification et contrôle. Le premier est tiré d'une enquête menée dans un atelier de montage d'une usine de la filière automobile[17]. Dans l'ancien atelier, les ouvriers monteurs faisaient des allers-retours entre leur poste et le bord de ligne pour s'approvisionner en pièces livrées par des caristes. Dans la nouvelle organisation du travail, les pièces contenues dans des kits sont transportées directement sur leur poste par des chariots automatisés appelés *automated guided vehicles* (AGV). Un nouveau métier est créé par cette réorganisation : celui de kitteur. Il consiste à assembler les kits qui sont transportés par les AGV. En fin de ligne, l'AGV récupère les kits d'approvisionnement vides pour retourner dans la « zone de kitting ». L'introduction des AGV contribue donc à supprimer les postes de cariste (substitution). Pour les ouvriers monteurs, la réduction des déplacements autour du poste contribue à ce qu'ils se concentrent sur le montage de pièces (intensification). Enfin, le poste de kitteur ne nécessite aucune qualification. Cela signifie que, comme le dit un technicien en logistique que j'ai interviewé, dans le nouvel atelier, « le but est que n'importe qui puisse faire n'importe quoi » (déqualification).

Un deuxième exemple est tiré d'une étude sur l'introduction de la commande vocale dans les entrepôts de la

17. Juan Sebastián Carbonell, « The Factory of the Future? The Contradictory Restructuring of an Assembly Line in France », *Sociologia del lavoro*, n° 158/3, p. 118-136.

logistique[18]. Le travail des préparateurs de commandes consiste à parcourir un entrepôt avec une liste de produits et à les déposer sur leur palette puis à les apporter sur un quai, pour qu'ils soient ensuite expédiés à un magasin. Depuis une dizaine d'années, le système de guidage vocal s'est progressivement substitué à la liste de produits qui était fournie sur un support papier dans les entrepôts de la grande distribution. Il prend la forme d'un dialogue entre un salarié et un système informatique qui gère les flux informationnels : les ouvriers portent un casque audio muni d'un micro qui dicte le type et le nombre de colis à saisir. La commande vocale augmente le rythme d'exécution en « libérant » la main et les yeux des ouvriers. En conséquence, la productivité moyenne augmente de 10 à 15 % (intensification). Le travail de préparateur est très peu qualifié, mais lorsque la commande était indiquée sur un support papier, les ouvriers étaient libres de la préparer à leur manière. Ce travail permettait donc la constitution d'un certain savoir-faire ouvrier, qui consistait à connaître l'entrepôt et le poids des différents produits et à mémoriser l'emplacement des colis. Sous commande vocale, le logiciel dicte l'action colis par colis, empêchant les ouvriers de « faire mentalement la palette ». Dès lors, il ne s'agit plus de réaliser une « belle palette », mais de suivre le rythme dicté par la machine (déqualification).

---

18. David Gaborieau, « "Le nez dans le micro". Répercussions du travail sous commande vocale dans les entrepôts de la grande distribution alimentaire », *La Nouvelle Revue du travail*, n° 1, 2012, 10 décembre 2012.

Emploi et automatisation : une relation complexe

La complexité du phénomène d'automatisation pose la question du sérieux de la thèse selon laquelle il serait un vecteur de disparition du travail humain. Cette question fait couler beaucoup d'encre : on ne compte plus les articles, ouvrages, ou rapports d'experts qui annoncent la suppression massive d'emplois liés à une nouvelle vague d'automatisation. Nous serions à l'aune d'un « grand remplacement technologique », où des millions de travailleuses et de travailleurs risqueraient de perdre leurs emplois au profit de machines, de robots ou d'algorithmes. Certains vont jusqu'à se demander si la victoire de Donald Trump aux élections présidentielles américaines de 2016 ne s'explique pas par l'introduction de robots dans les anciens bassins industriels[19]. Les discours techno-futuristes sur la fin du travail ont la peau dure. Ils renaissent à chaque vague d'automatisation, traduisant l'émergence d'une « anxiété face à l'automatisation ». Si ces discours en disent plus sur notre rapport à la technologie et au travail que sur le futur de ce dernier, ils n'en sont pas moins intéressants à analyser, dans la mesure où ils traduisent l'état de notre compréhension du travail.

Une première difficulté surgit néanmoins : il est difficile de calculer le nombre d'emplois disparus à cause de l'automatisation. Car en plus de l'extrême diversité des paramètres à étudier, cela suppose de s'accorder sur les

19. Carl Benedikt Frey, Thor Berger et Chinchih Chen, « Political machinery: did robots swing the 2016 US presidential election? », *Oxford Review of Economic Policy*, vol. 34, n° 3, 2018, p. 418-442.

outils de mesure. Il faut mesurer la destruction, mais aussi le maintien ou la création d'emplois liées à la modification de l'organisation du travail : les typographes ont disparu, mais seulement pour être remplacés par les graphistes. Il faut aussi s'entendre sur ce que l'on mesure : les emplois, ou les tâches réalisées au travail. De plus, quelle est l'échelle temporelle de l'analyse pertinente : faut-il mesurer l'impact sur l'emploi sur une année, sur dix ans ou selon une autre échelle ? Au niveau de l'entreprise – ou, plus précisément, de l'établissement –, à production constante, les nouvelles technologies peuvent bel et bien être un instrument de réduction des effectifs. Mais une entreprise qui investit dans des nouvelles machines peut aussi augmenter sa production et ses ventes, ce qui nécessite l'embauche de travailleurs en plus. Les choses se compliquent au niveau de la branche ou du secteur d'activité, où la baisse des effectifs peut être imputable à d'autres facteurs, comme les délocalisations ou la concurrence internationale. Enfin, les choses sont encore plus difficiles à évaluer dans l'économie dans son ensemble (lorsqu'il s'agit de passer des effets micro aux effets agrégés)[20].

Prenons le cas des États-Unis, où toutes les prévisions relatives aux destructions d'emplois imputables à la robotisation ont été exagérées : l'introduction de robots dans l'industrie a été très inégale (là aussi, cela dépend

20. Philippe Aghion, Céline Antonin, Simon Bunel, Xavier Jaravel, « What Are the Labor and Product Market Effects of Automation? New Evidence from France », Sciences Po OFCE Working Paper, n° 1, 2020.

de la branche et de l'entreprise) et très lente[21]. Ainsi, en 2014, il n'y avait dans l'industrie automobile américaine que 117 robots pour 1 000 ouvriers, tandis que dans les autres industries, il était question d'à peine 1 robot pour 1 000 ouvriers. Si des suppressions d'emplois ont lieu, cela peut être dû davantage aux crises économiques successives de 1980, 1990, 2000 et 2008, aux restructurations permanentes, à l'introduction de nouvelles méthodes de travail comme le *lean management* et à la flexibilisation du temps de travail (qui recouvre, par exemple, la réduction du temps de pause ou l'imposition d'horaires de travail atypiques). Déterminer de manière précise combien d'emplois ont été supprimés à cause de la robotisation s'avère donc difficile.

Néanmoins, même si on fait abstraction de cette difficulté, on n'en aboutit pas moins à un constat inexorable : l'automatisation ne provoque pas qu'une disparition de l'emploi, mais une transformation de celui-ci. Pour mieux comprendre qu'il n'y a pas de lien univoque entre nouvelles technologies, automatisation et suppressions d'emplois, on peut se pencher sur un exemple très parlant, celui du mouvement de panique qui a agité la grande distribution suite à l'introduction des caisses automatiques dans les supermarchés. Syndicats et cabinets d'experts ont annoncé au début des années 2000 la suppression de dizaines, voire de centaines de milliers d'emplois de caissières si cette pratique se généralisait.

21. Kim Moody, « High Tech, Low Growth: Robots and the Future of Work », *Historical Materialism*, nº 26/4, 2018, p. 3-24.

La CFDT tout particulièrement a mené une campagne nationale contre l'implantation de ces nouvelles caisses dans les grandes surfaces. Or ce sont les enseignes qui ont freiné ce processus. En France, beaucoup d'entre elles ont mis du temps à s'engager dans l'installation des caisses automatiques dans les supermarchés, en raison du coût élevé des investissements à réaliser[22]. Alors que les premières caisses automatiques existent depuis le début des années 2000 en France, vingt ans plus tard, seulement 57 % des supermarchés en sont équipés (et ce, parmi les magasins de plus de 2 000 m^2)[23]. Plus intéressant encore : on a constaté que souvent les enseignes ne remplacent pas directement les caisses classiques par des caisses automatiques. Plutôt, les caisses automatiques sont installées lorsque des magasins sont agrandis ou lorsque de nouveaux magasins sont ouverts. Ainsi, contrairement aux craintes des syndicats eux-mêmes, le développement des caisses automatiques n'a pas entraîné la suppression d'emplois. En ce sens, il n'y a pas simple substitution d'une caisse automatique à un poste de caissière. Au contraire, les caisses automatiques viennent s'ajouter aux caisses classiques dans les magasins.

Comment comprendre ce mouvement contre-intuitif? Comme je l'ai dit plus haut, le but des employeurs n'est pas forcément de remplacer des travailleurs par des machines, mais de favoriser la fluidité

22. Sophie Bernard, *Travail et automatisation des services. La fin des caissières ?*, Toulouse, Octarès, 2012.

23. « Les Français passent à la caisse... sans caissier ni caissière », rapport du groupe Nielsen, 12 juillet 2019.

du procès de travail et d'augmenter la productivité. Ici, l'introduction de caisses automatiques vise à fluidifier le passage en caisse, en rendant le flux de clients et de marchandises moins dépendant de la présence de caissières à leurs postes. Qui plus est, parce que les clients sont plus lents que les caissières, les enseignes considèrent qu'il serait contre-productif de remplacer toutes les caisses par des caisses automatiques. S'il y a une baisse d'effectifs dans la grande distribution, c'est bien plutôt parce que les enseignes profitent du fort *turnover* des caissières pour réorganiser le travail en interne et supprimer des postes selon le principe : plus de travail pour moins de salariés.

Avant même que ne se pose la question des caisses automatiques, les distributeurs de billets ont fait craindre la perte de centaines de milliers d'emplois parmi les guichetiers de banque[24]. Ces machines, qui ont vu le jour dans les années 1970, accomplissent la plupart des tâches autrefois attribuées aux guichetiers, à savoir distribuer des billets et prendre des dépôts d'argent. Mais aux États-Unis, le nombre d'emplois de guichetiers n'a pas baissé, au contraire. Sur trente ans, de 1980 à 2010, leur nombre est resté stable, passant de 500 000 à 550 000. Certes, le nombre d'employés nécessaires pas agence a baissé, mais plus d'agences ont ouvert. Le travail de guichetier a dès lors connu un changement important : les tâches qui n'ont pas été automatisées ont

---

24. James Bessen, « Toil and technology », *Finance and Development*, vol. 54, nº 1, 2015, p. 16-19.

été valorisées, les agents manipulant moins d'argent et se consacrant davantage à la relation avec le client.

L'industrie ne suit pas la technologie

On peut nous rétorquer que ce qui a été dit plus haut est juste, mais que cela ne concerne pas la vague actuelle d'innovations technologiques, car celle-ci n'a rien à voir avec les précédentes. On parle ainsi de « quatrième révolution industrielle ». Pour Klaus Schwab, fondateur du Forum économique mondial et inventeur du concept, cette « révolution » viendrait après celle du moteur à vapeur, celle de la production en masse grâce à l'électricité et celle de la révolution digitale qui a vu l'informatique et de l'électronique s'introduire dans les entreprises[25]. Aujourd'hui, les nouvelles technologies telles que l'intelligence artificielle (IA), l'Internet industriel, la communication de machine à machine ou encore les imprimantes 3D seraient sur le point de changer radicalement la manière dont nous travaillons. S'agit-il véritablement d'une révolution industrielle capable de bouleverser le travail et, plus largement, la société, comme le promet Schwab ?

Les apologistes de l'IA – à l'image de Martin Ford, informaticien, entrepreneur de la Silicon Valley et auteur d'un best-seller sur les nouvelles technologies[26] – sont conscients que les précédentes vagues d'automatisation

25. Klaws Schwab, « Fourth Industrial Revolution. What It Means and How to Respond », *Foreign Affairs*, 12 décembre 2015.
26. Martin Ford, *L'Avènement des machines. Robots & intelligence artificielle : la menace d'un avenir sans emploi*, trad. fr. F. Devesa et P. Adams, Paris, FYP éditions, 2017.

n'ont pas amené la fin du travail, contrairement à ce qui avait été annoncé. Mais ils croient que les nouvelles technologies de l'information ont des capacités cognitives susceptibles de rivaliser avec celles des humains dans certains domaines, voire de les dépasser. Autrement dit, les êtres humains n'auraient plus d'avantage comparatif par rapport aux algorithmes. Grâce aux technologies de l'information, les compétences humaines seraient « encapsulées » et ensuite « répliquées ». Pour Ford, tout métier qualifié qui consiste à interpréter de l'information risque ainsi d'être automatisé, car les machines pourraient faire mieux que les humains – ce qui mettrait alors au chômage des médecins, des avocats et la majorité des cols blancs. Le chômage technologique ne concernerait donc plus seulement les ouvriers dont les tâches sont répétitives, mais aussi les employés, cadres et professions intermédiaires.

Cette interprétation est séduisante. Elle explique notamment en quoi les technologies de la « quatrième révolution industrielle » seraient différentes de toutes les autres. Les technophiles pensent que ces technologies contribueraient à substituer-supprimer des millions d'emplois. Cependant, l'IA serait une technologie à usage général, à l'image de la machine à vapeur, de l'électricité ou d'Internet, c'est-à-dire une technologie dont l'usage s'est généralisé, qui devient de plus en plus performante et qui favorise l'innovation dans d'autres domaines[27]. Il

27. Philippe Askenazy et Francis Bach, 2019, « IA et emploi : une menace artificielle », *Pouvoirs*, vol. 170, n° 3, p. 33-41.

n'en est pas moins extrêmement difficile d'estimer les conséquences de l'IA sur l'emploi, tant on méconnaît encore les tenants et les aboutissants de cette technologie. Il est néanmoins sûr qu'on est encore très loin d'un système autonome qui opère indépendamment de son créateur. Le programmeur a toujours un rôle central dans le fonctionnement de l'IA : c'est lui qui lui donne son architecture, sa méthode d'apprentissage, les données qui l'alimentent, etc. Ceci fait que l'IA rencontre de nombreuses limites, notamment l'accès à des données de qualité et en grande quantité afin d'entraîner l'algorithme[28]. De la même façon, le développement de l'IA n'est pas forcément synonyme de remplacement de l'emploi : ce dernier ne pourrait-il pas, en effet, être compensé par la création d'autres activités ? Une technologie à usage général peut certainement avoir des « perdants » (des métiers qui sont supprimés), mais aussi des « gagnants » (des métiers qui sont créés). Une question qui reste ouverte et à laquelle les apologistes des nouvelles technologies s'intéressent peu est donc celle de la nature et de la qualité des emplois dont cette nouvelle technologie est susceptible de favoriser la création.

Par exemple, l'invention de l'automobile a rendu obsolète le métier de charretier et l'ensemble du transport à cheval dans la plupart des grandes villes du monde. Mais, en même temps, l'industrie automobile naissante et toutes les industries associées

---

28. Salima Benhamou, « Artificial Intelligence and the Future of Work », *Revue d'économie industrielle*, n° 169/1, 2020, p. 57-88.

(construction d'autoroutes, stations-services, péages, garages, etc.) ont contribué à créer de l'emploi. Même s'il est encore trop tôt pour tirer des conclusions définitives, la même logique pourrait être appliquée à l'IA[29]. Prenons un exemple donné par Martin Ford lui-même. L'introduction de l'IA dans le secteur médical, c'est-à-dire l'introduction d'algorithmes qui interprètent l'information médicale, pourrait selon lui y ébranler la structure de l'emploi, en déqualifiant à terme l'ensemble du personnel hospitalier. Dans ce scénario, arrive un moment où il n'y a plus besoin de médecins pour diagnostiquer les malades ou pour leur prescrire un traitement. De la même façon, un certain nombre de structures médicales deviennent obsolètes (toute une partie de l'hôpital et des centres médicaux se retrouvent sans usage après qu'on leur a retiré la fonction de diagnostic et de traitement). Mais plutôt que d'envisager une disparition de l'emploi, Ford défend lui-même l'idée que l'introduction de cette IA dans le secteur médical devrait entraîner la création d'un nouveau métier, celui qui consisterait à ausculter les patients et à transmettre cette information à un système de diagnostic et de traitement normalisé. C'est donc la fonction clinique du travail médical qui, ici, ne peut être prise en charge par l'IA. Elle le serait par de « nouveaux praticiens à

29. Georgios Petropoulos, « The Impact of Artificial Intelligence on Employment », *in* M. Neufeind, J. O'Reilly et F. Ranft (dir.), *Work In the Digital Age. Challenges of the Fourth Industrial Revolution*, Lanham, Rowman & Littlefield Publishers, 2018, p. 119-132.

moindre coût[30] », dotés de diplômes moins difficiles à obtenir que ceux actuellement nécessaires à la pratique de la médecine.

Analysons à présent un autre domaine de cette quatrième révolution industrielle. Tout comme l'IA, le *digital manufacturing*, c'est-à-dire l'application à la production industrielle des technologies digitales, a été perçu comme la confirmation de l'idée selon laquelle l'humanité se trouverait à l'aune d'un changement technologique majeur. Depuis le tournant des années 2010, on a commencé à parler de *lights-out manufacturing*, d'usines dans le noir, c'est-à-dire d'usines sans ouvriers. Il s'agirait d'implanter des capteurs dans les machines ou les outils afin qu'ils soient connectés au sein d'un réseau cyber-physique. Les machines pourraient alors communiquer entre elles et transmettre en temps réel des informations sur les procès de travail. Les salariés, quand il y en a, pourraient eux aussi porter des capteurs, ou des outils permettant d'augmenter leurs capacités, tels que des exosquelettes, des lunettes ou des gants intelligents. De tels projets, qu'on dirait sortis d'un roman de science-fiction, ont attiré l'attention de patrons et de gouvernements qui y ont vu une source potentiellement illimitée de gains de productivité dans des économies stagnantes. Plusieurs pays ont alors constitué des programmes de recherche et d'investissement ambitieux autour de l'application de ces nouvelles technologies dans l'industrie. C'est le

30. Martin Ford, *L'Avènement des machines*, *op. cit.*, p. 196.

cas tout d'abord de l'Allemagne, qui a inventé le terme « Industrie 4.0 » ; puis d'autres pays ont suivi, comme la Chine avec *Made in China 2025*, les États-Unis avec l'*Advanced Manufacturing Partnership*, et la France avec l'*Alliance industrie du futur*.

Pourtant, le *digital manufacturing* est loin d'avoir tenu ses promesses en matière de transformation de l'industrie. La situation est semblable à celle qui a freiné l'installation massive de caisses automatiques : la stagnation économique, caractérisée par le déclin du taux de croissance sur une longue période, décourage la réalisation d'investissements productifs par les entreprises. À cause de cela, de plus en plus de voix s'élèvent pour dire que les technologies de la quatrième révolution industrielle risquent de ne jamais voir le jour dans les ateliers de fabrication, sinon de manière très limitée[31]. Selon ces dernières, il est plus probable que le niveau d'automatisation reste faible dans les entreprises. L'Industrie 4.0 et la prétendue révolution digitale se heurtent donc à un problème classique de l'investissement dans l'innovation, dans une économie capitaliste stagnante : les gains qu'elle permet sont trop faibles compte tenu des investissements exigés. Le journal patronal *Assembly* reconnaît lui-même que le *lights-out manufacturing* est un mauvais *business model* : les humains demeurent bien plus flexibles que la plupart des machines, et ils coûtent beaucoup moins cher[32].

---

31. Aaron Benanav, *Automation and the Future of Work*, Londres, Verso Book, 2020 ; Jason E. Smith, *Smart Machines and Service Work. Automation in an Age of Stagnation*, Londres, Reaktion Books, 2020.
32. « Lights-Out Automation: Fact or Fiction? », *Assembly*, 9 mai 2019.

En cela, il est légitime de se demander si le discours sur l'automatisation et les nouvelles technologies n'est pas avant tout un projet politique et une rhétorique dont le but est d'attirer des investisseurs et de susciter de l'adhésion. Car si le *digital manufacturing* n'est pas nécessairement à la hauteur des opportunités promises par l'émergence de nouvelles technologies, il répond davantage aux exigences des acteurs économiques et à leur recherche de « compétitivité » à l'échelle internationale. Autrement dit, l'industrie ne suit pas la technologie. Ou plutôt, l'industrie pousse l'innovation technologique en espérant trouver de maigres gains de productivité[33]. En quelque sorte, le *digital manufacturing* a tout d'une prophétie autoréalisatrice : son but premier est peut-être de créer une *hype* autour de l'idée en elle-même afin non seulement d'attirer des investisseurs, mais aussi d'accroître le degré de contrôle sur le travail[34]. On le voit tous les jours sur les lieux de travail : l'application des technologies digitales à la production industrielle ne révolutionne pas forcément les manières de travailler. Ce que l'on observe souvent, lorsque ces technologies sont introduites dans les lieux de travail, c'est qu'elles sont surtout mises au service des dynamiques

33. Sabine Pfeiffer, « *Industrie 4.0* in the Making – Discourse Patters and the Rise of Digital Despotism », *in* K. Briken, C. Chillas, M. Krzywdzinski et A. Marks (dir.), *The New Digital Workplace. How New Technologies Revolutionise Work*, Londres, Palgrave Macmillan, 2017, p. 31.

34. Tommaso Pardi, Martin Krzywdzinski et Boy Luethje, *Digital Manufacturing Revolutions as Political Projects and Hypes: Evidences From the Auto Sector*, ILO Working Paper, n° 3, 2020.

décrites plus haut : remplacement, déqualification, intensification ou encore perte d'autonomie des salariés.

Les lectures incontrôlées du « fragment sur les machines »

On comprend donc en quoi le discours sur la disparition du travail humain – sur la menace d'un remplacement des humains par les machines – peut être utile aux capitalistes[35]. Mais comment comprendre que ce discours connaisse un tel succès au sein du mouvement social ? Je fais l'hypothèse qu'une certaine lecture de Marx y a été pour beaucoup. En effet, parmi les discours relatifs aux nouvelles technologies que j'ai évoqués, beaucoup de ceux qui défendent la perspective d'une automatisation totale et prédisent la fin du travail se sont inspirés d'un manuscrit de Marx pour justifier leurs hypothèses : le « fragment sur les machines[36] » des *Grundrisse*, un de ses textes les plus commentés. Certains ont voulu lire ce fragment séparément du reste des écrits de Marx, en y voyant un texte d'anticipation préfigurant une société où la principale force productive ne serait plus le travail mais la connaissance et la technologie, où verraient le jour des « usines sans ouvriers » et où se dessinerait un futur sans travail. Découvert dans les années 1960-1970,

35. Je tiens à remercier Daria Saburova pour les remarques apportées à cette sous-partie.

36. Le « fragment sur les machines » est un manuscrit non publié rédigé bien avant le *Capital*. Il n'a pas de titre à proprement parler, il est seulement désigné comme « Capital fixe et développement des forces productives » dans Karl Marx, *Manuscrits de 1857-1858 dits « Grundrisse »*, trad. fr. J.-P. Lefebvre, Paris, Éditions sociales, 2018, p. 650-670.

ce manuscrit a eu une place centrale dans les débats sur l'automatisation du travail et continue de faire l'objet de controverses passionnées quant à son interprétation et aux conséquences que l'on peut en tirer[37].

Je pense, au contraire, qu'il faut inscrire ce texte dans le développement de la pensée de Marx, y compris pour voir comment celle-ci est modifiée une dizaine d'années plus tard dans *Le Capital* (1867). En ce sens, on peut se demander si dans les *Grundrisse*, et par extension dans le « fragment sur les machines », il est question des contradictions du capital ou des contradictions de Marx lui-même, à une période où il est encore en train de clarifier ses propres idées[38]. La multiplication des lectures contradictoires du fragment en ce qui concerne le rôle de la technologie dans l'accumulation du capital a vraisemblablement été favorisée par la nature du texte. Si celui-ci a un thème général, il est difficile de lui donner une cohérence. Marx fait souvent des digressions, des incises et des apartés. Ses réflexions s'arrêtent soudainement, puis reprennent à d'autres moments. Enfin, son propos n'est pas démonstratif : il s'agit d'un manuscrit et non pas d'un texte publié. Non seulement il n'est pas abouti, mais Marx manque de systématicité dans la présentation des catégories.

---

37. Voir notamment : Bellofiore Riccardo et Tomba Massimiliano, « Marx et les limites du capitalisme : relire le "fragment sur les machines" », *Période*, 2015.

38. George Caffentzis, « From *Grundrisse* to *Capital* and beyond : then and now », *in* R. Bellofiore, G. Starosta et P. D. Thomas (dir.), *In Marx's Laboratory. Critical Interpretations of Grundrisse*, Leiden, Brill, 2013, p. 265-281.

Que contient le « fragment sur les machines »? Marx consacre une grande partie du texte à décrire les évolutions du « moyen de travail », c'est-à-dire des outils matériels ou immatériels nécessaires au procès de production. Pour lui, la révolution industrielle a donné naissance à un nouveau moyen de travail, la machine. Celle-ci est différente des simples outils de travail. Un outil est manié grâce à l'habileté d'un producteur et c'est la virtuosité de ce dernier qui en guide l'usage. Or avec le développement de la machinerie, cette relation s'inverse : c'est la machine qui utilise le travailleur. Ici, l'activité de l'ouvrier est entièrement dépendante de la machine. Marx décrit un face-à-face asymétrique entre l'ouvrier et la machine. C'est elle qui impose à l'ouvrier son rythme et une certaine manière de travailler. Quant au travail ouvrier, il ne devient qu'un moment du procès de production, moment qui a tendance à être réduit à sa portion congrue.

À ce stade du texte, les réflexions de Marx ne diffèrent pas en substance de ce que l'on retrouve plus tard dans *Le Capital*. L'aspect original du « fragment » réside dans la formulation d'une série d'hypothèses sur le dépassement du capitalisme à partir de l'analyse du développement de la machinerie. Sa réflexion se présente ainsi : à mesure que s'accumulent les connaissances scientifiques et que celles-ci se traduisent dans des nouvelles technologies, la force productive de la société réside non plus dans le travail fourni par le travailleur, mais dans le moyen de travail. Autrement dit, la part du travail humain dans le procès de production va progressivement diminuer en raison de l'usage de la connaissance et de la technologie. C'est ainsi que Marx le formule : « *Le vol du temps de travail d'autrui, sur quoi repose la richesse actuelle*, apparaît comme une base misérable comparée à celle, nouvellement développée, qui a été créée par la grande industrie elle-même[39]. » C'est cette idée qui a été principalement retenue du « fragment sur les machines ».

Compte tenu de cette tendance à la baisse de la part du travail dans la production (tendance qui se manifeste déjà, dans la société capitaliste, par la baisse du temps de travail nécessaire à la fabrication d'un bien), Marx formule plusieurs hypothèses à propos de la société postcapitaliste. La première tient à l'usage de cette immense quantité de temps dégagé par le développement du moyen de travail. Marx offre ici une très belle réflexion : alors que la richesse, sous le capitalisme, est fondée sur l'exploitation toujours croissante des travailleurs, qui se traduit par la pauvreté et la soumission de l'individu au travail, dans une société communiste, c'est au contraire la quantité de temps de non-travail disponible qui donne la mesure de la richesse. La deuxième hypothèse concerne les transformations du travail lui-même, en tant qu'activité. Parce que le travail immédiat cesse d'être la base de la production, il est transformé en une activité de surveillance et de régulation. La troisième hypothèse porte sur le type de société qui pourrait advenir. La distinction entre temps de travail et

39. Karl Marx, *Manuscrits de 1857-1858* dits « *Grundrisse* », *op. cit.*, p. 661.

temps libre tend à s'effacer. Le travail n'est plus une corvée, mais une activité, ou plutôt un exercice d'application de la science et du savoir et, en tant que tel, un exercice pratique qui transforme l'individu.

Malgré l'aspect stimulant de ces analyses, *Le Capital* offre des outils conceptuels plus aboutis et plus appropriés pour penser l'automatisation du travail, où Marx se consacre à l'étude non seulement théorique, mais aussi historique des machines et de leur utilisation par les capitalistes. De même, il faut rappeler que l'idée selon laquelle le travail aurait tendance à ne plus être la source de la richesse, à mesure que se développe le moyen de travail, a entièrement disparu dans *Le Capital*[40]. Le « fragment sur les machines » peut-il donc encore nous éclairer sur les transformations contemporaines du travail ? La réponse est positive si on considère le « fragment » pour ce qu'il est : une étape dans la pensée de Marx, et non pas son dernier mot sur le futur du travail.

Que faire de l'automatisation ?

Les inquiétudes que suscitent les nouvelles technologies, qu'elles concernent le chômage ou la dégradation des conditions de travail, peuvent provoquer un rejet pur et simple de celles-ci. Les ouvriers eux-mêmes s'en sont pris à leurs usines. Pendant la révolution industrielle, au début du XIXe siècle, là où de nouvelles

40. Michael Heinrich, « The "Fragment on machines": A Marxian misconception in the *Grundrisse* and its overcoming in *Capital* », *in* R. Bellofiore, G. Starosta et P. D. Thomas (dir.), *In Marx's Laboratory*, *op. cit.*, p. 197-212.

machines étaient introduites, des travailleurs les ont souvent détruites. Cela a pris la forme d'un mouvement organisé, tel celui des luddites, entre 1811 et 1813 au Royaume-Uni, mais aussi d'incendies nocturnes, ou encore de sabotages pendant les heures de travail. De la même manière, plus récemment, des salariés s'en sont pris à leur outil de travail pour se faire entendre. Dans les luttes contre des « plans de sauvegarde de l'emploi » où la négociation était au point mort, la destruction de machines a aidé à ce que les médias s'intéressent à la lutte en cours. Ainsi, en 2017, des ouvriers de GM&S, sous-traitant de l'industrie automobile, ont piégé leur usine avec des bonbonnes de gaz et détruit des machines au chalumeau.

Se méfier des et s'en prendre aux machines n'est donc pas un geste nouveau ; bien au contraire, il est aussi vieux que le capitalisme lui-même. De plus, contrairement à ce qu'avancent certaines interprétations hâtives, la destruction de machines n'a rien d'un refus irrationnel et aveugle de toute innovation technologique. Plutôt, il s'agit d'une tactique parmi d'autres dans la lutte des classes pour faire pression sur les employeurs. C'est pour cela que le bris de machines ne vient jamais seul. Il a souvent été accompagné par la destruction de matières premières, de produits fabriqués, ou des propriétés des employeurs. Il n'y a donc pas refus du progrès technique abstrait, mais du chômage et de la dégradation des conditions de vie. La destruction de machines intègre toujours un même risque : à trop se focaliser sur les nouvelles technologies, on se détourne de leurs propriétaires et de leurs fonctions. Ce qui revient à éluder deux questions fondamentales : à qui profitent les machines ? Et dans quels buts sont-elles introduites ?

Les nouvelles technologies en usage au travail ne sont donc ni à embrasser, ni à rejeter. Ou, dit autrement, « la technologie n'est ni bonne ni mauvaise et elle n'est pas neutre[41] ». Entre les mains des employeurs, elle signifie le plus souvent intensification du travail, déqualification de la main-d'œuvre, suppression de postes dans les entreprises, etc. Pourtant, toutes les technologies ne sont pas forcément mauvaises pour les travailleurs. Que pourraient-elles devenir entre les mains des syndicats, ou des travailleurs eux-mêmes ? Dans certaines circonstances, l'automatisation pourrait même leur être bénéfique. Elle pourrait par exemple permettre de mettre fin aux tâches les plus pénibles et les plus répétitives, ainsi que de réduire le temps de travail. En effet, augmenter la productivité du travail fait baisser la quantité de travail nécessaire à la production d'un bien. Certes, sous le capitalisme, le temps ainsi libéré par les gains de productivité est employé à continuer à travailler pour les patrons. Mais dans une autre organisation sociale, il pourrait aussi l'être pour d'autres activités – l'art, les loisirs, le sport, l'éducation, l'amour, l'amitié, etc. Il est donc souhaitable que l'automatisation du travail devienne une revendication du mouvement syndical, sous la forme d'un programme d'investissement public

41. Melvin Kranzberg, « Technology and History: "Kranzber's Laws" », *Technology and Culture*, vol. 27, n° 3, 1986, p. 544-660.

et massif dans l'automatisation de certains secteurs afin d'améliorer les conditions de travail et de réduire le temps de travail[42].

Comme nous le verrons plus loin, les syndicats se préoccupent assez peu de l'organisation du travail de manière générale. Pourtant, tel n'a pas toujours été le cas, comme l'illustre l'exemple de la CFDT dans les années 1970[43]. Le travail, loin de disparaître, continue de changer, faisant apparaître de nouvelles formes d'activité et d'emploi. L'actualité montre que celles-ci sont l'enjeu de nouveaux conflits.

---

42. Nick Srnicek et Alex Williams, *Inventing the Future. Postcapitalism and a World Without Work*, Londres, Verso Books, 2016.
43. CFDT, *Les Dégâts du progrès. Les travailleurs face au changement technologique*, Paris, Le Seuil, 1977.

2

Tous précaires ?

Si le travail humain ne risque pas de disparaître, ne se trouve-t-il pas transformé par les mutations du capitalisme ? Et cela à un point tel que c'est sa nature même qui en serait changée ? La deuxième thèse en vogue qu'il nous faut réfuter est celle de la précarisation généralisée de l'emploi. En effet, s'il existe une autre dimension du travail à propos de laquelle on ne cesse d'annoncer des bouleversements, c'est le statut de l'emploi.

Il existe un large consensus autour de l'idée que le néolibéralisme contribue à la précarité du travail. Depuis une quarantaine d'années, les gouvernements successifs des pays développés ont fait passer différentes mesures de flexibilisation du marché du travail qui favorisent le recours à des contrats à durée déterminée, aux temps partiels, aux CDI intérimaires ou encore aux *zero hour contracts* par les entreprises, tout en facilitant le licenciement de la main-d'œuvre « stable ».

Ces transformations ont favorisé l'idée que la division de la société entre prolétaires et patrons ne serait plus d'actualité, et qu'aurait émergé une nouvelle classe toujours plus nombreuse dont le sort serait moins enviable encore que celui du prolétariat : le précariat[1]. Cette nouvelle classe regrouperait tous ceux qui n'ont plus accès aux différentes formes de sécurité dont pouvait bénéficier le salariat. Ce dernier est-il donc amené à disparaître sous une avalanche de statuts d'emploi « atypiques » (contrats à durée limitée, emplois à temps partiel, intérim, contrats aidés, auto-emploi, etc.) ? Selon Guy Standing, chef de file des défenseurs de la théorie du précariat, tout semblerait indiquer que l'époque où la majorité de la main-d'œuvre était employée dans des grandes entreprises pour une durée indéterminée, tout en bénéficiant de protections liées à l'emploi, est désormais révolue.

L'apparition, dans les rues des grandes métropoles, de livreurs à vélo travaillant pour Deliveroo, Foodora, ou autres, et de chauffeurs Uber ou Lyft – dépendant des plateformes pour leur travail mais juridiquement indépendants – confirme, selon les tenants de cette théorie, l'effritement du salariat et la transformation de la précarité en précariat. De plus en plus de secteurs se trouvent d'ailleurs « ubérisés » ou « plateformisés », et ont recours à des plateformes numériques pour la mise en lien entre un client et un fournisseur de services. Et ce, que les

1. Guy Standing, *Le Précariat. Les dangers d'une nouvelle classe*, trad. fr. M. Gaboriaud, Paris, L'Opportun, 2017.

métiers concernés soient peu considérés – aide à domicile, ménage, location de voitures – ou qu'ils exigent une plus grande qualification – graphisme, immobilier, pharmacie, etc. Comme nous le verrons, l'idée de la fin du salariat dépasse largement les cercles académiques : on la trouve également dans des milieux politiques allant de la gauche institutionnelle à la gauche radicale, en passant par les dirigeants d'entreprise. On se souvient notamment de Laurence Parisot qui, en 2005, alors qu'elle était à la tête du patronat français, avait demandé : « La vie, la santé, l'amour sont précaires, pourquoi le travail échapperait-il à cette loi ? »

Notons, au passage, que l'extension de la précarité n'est pas sans dangers sur le plan politique. La montée des populismes d'extrême droite en Europe et aux États-Unis en est une conséquence directe. En l'absence d'une véritable alternative, la déstabilisation des familles des classes populaires les pousse à chercher des coupables chez les précaires parmi les précaires : les migrants, les chômeurs, les LGBT, etc.

La précarité a des effets néfastes sur la vie des individus. Du fait de l'alternance qu'ils subissent entre des périodes d'activité et de chômage, ceux qui en sont victimes ont du mal non seulement à subvenir à leurs besoins, mais aussi à se projeter dans le futur, à louer un logement, à emprunter auprès d'une banque, à suivre des formations, etc. De plus, la précarité du travail affaiblit les organisations syndicales. Les travailleurs temporaires sont en effet réticents à se syndiquer, de peur que leurs contrats ne soient pas renouvelés. En France, par exemple, le taux de syndicalisation des intérimaires est de seulement de 1 % et celui des temps partiel de 8 %, contre 11 % pour l'ensemble des salariés[2]. De la même manière, aux États-Unis, les travailleurs à temps plein sont deux fois plus syndiqués que les travailleurs à temps partiel (11,8 % contre 5,8 %)[3]. Enfin, si l'on prend les pays de l'OCDE, moins de 10 % des travailleurs temporaires appartiennent à un syndicat dans les années 2010[4]. Si bien que dans certaines entreprises où le noyau de travailleurs stables est progressivement remplacé par des travailleurs temporaires, la précarité ronge les rangs des syndicats. Ce qui affaiblit les luttes sociales, car si les conflits de travailleurs précaires ne sont pas inexistants, ils sont rares.

Comme pour les nouvelles technologies, les discours dominants, qu'ils soient politiques, médiatiques ou universitaires, sont bien loin de la réalité. Certes, la précarité ne cesse de progresser. Pourtant, elle est loin d'avoir submergé le salariat stable, qui reste la norme dans la plupart des pays riches. Plus généralement, cette catégorie d'analyse est peu adaptée pour penser les transformations du travail. Avant d'être des catégories d'analyse scientifique, la précarité et le précariat sont

---

2. Maria Teresa Pignoni, « La syndicalisation en France. Des salariés deux fois plus syndiqués dans la fonction publique », *Dares analyses*, n° 25, 2016.

3. Bureau of Labor Statistics, *Union Members – 2020*, *News Release*, janvier 2021.

4. OCDE, *Negotiating Our Way Up. Collective Bargaining in a Changing World of Work*, OECD Publishing, 2019.

des catégories de l'action publique qui se sont diffusées progressivement dans les milieux militants et universitaires, au détriment de l'intérêt pour les évolutions du salariat stable, dont les transformations du travail sont loin du bouleversement annoncé. De la même façon, parler de précariat occulte le fait que la division des travailleurs en une multitude de statuts n'a rien de nouveau. Elle a toujours existé sous diverses formes dans l'histoire du capitalisme. On pourrait même dire qu'elle est fonctionnelle aux dynamiques du capital. Quelle que soit la période que l'on considère, il y a toujours eu une coexistence entre permanents et temporaires.

De la précarité au précariat

L'émergence de la catégorie de « précariat » est le résultat d'un long processus. C'est le terme de « précarité » qui émerge d'abord. À partir de la fin des années 1970, il commence à remplacer d'autres catégories, comme celle de « sous-prolétaires », terme qui fait toujours référence aux classes sociales. La précarité est associée aux discours sur la « nouvelle pauvreté » et le terme est peu à peu introduit dans les textes de loi et les rapports officiels sur l'insertion dans l'emploi. C'est une période où on parle du déclin de la « classe ouvrière » et de l'apparition d'un groupe d'« exclus », des laissés-pour-compte de la modernité et du progrès qui n'appartiendraient pas au système traditionnel des classes sociales. Il faut noter que la précarité est un terme qui a longtemps été cantonné à des cercles académiques et politiques restreints, car il était perçu comme trop « politisé » et pas assez scientifique[5]. C'est surtout après la crise de 2008 qu'il a commencé à être accepté par un ensemble d'acteurs comme une catégorie pertinente pour analyser et pour agir sur la société « post-fordiste[6] ».

On peut suivre ensuite la trace du terme en Italie, où il est revendiqué par le mouvement autonome des années 1980. Pour ce mouvement, la précarité n'est plus seulement le produit des relations de travail, c'est plutôt la condition même de la production sous le capitalisme néolibéral. La précarité n'est alors plus seulement un problème à combattre, mais une condition à revendiquer. Pour le mouvement autonome italien, cette catégorie sert à séparer les travailleurs précaires des autres, en leur accordant un rôle central dans la transformation sociale[7]. Au cours des années 1990, le terme se diffuse dans les mouvements sociaux français, notamment de chômeurs, de mal-logés, de sans-papiers ou d'étudiants. Ces mobilisations convergent avec le discours de certains d'intellectuels connus et reconnus, comme Pierre Bourdieu, pour qui « la précarité est partout[8] ».

---

5. Jean-Claude Barbier, « A Survey of the Use of the Term précarité in French Economics and Sociology », document de travail, n° 19, Centre d'études de l'emploi et du travail, 2002.
6. Eloisa Betti, « Historicizing Precarious Work: Forty Years of Research in the Social Sciences and Humanities », *International Review of Social History*, n° 63/2, 2018, p. 273-319.
7. Joseph Choonara, « The Precarious Concept of Precarity », *Review of Radical Political Economics*, vol. 52-3, 2020, p. 427-446.
8. Pierre Bourdieu, « La précarité est aujourd'hui partout », intervention lors des Rencontres européennes contre la précarité, Grenoble, 12-13 décembre 1997.

La substitution du terme de précariat à celui de précarité commence dans les années 1990-2000 au sein des mouvements altermondialistes, dans le but d'englober les millions de travailleurs qui n'appartiendraient ni à la « classe ouvrière », ni au « prolétariat ». Mais il faut attendre 2014 pour que l'économiste Guy Standing popularise le terme et lui donne une nouvelle consistance. Il reprend l'idée que les politiques néolibérales ont eu pour effet de fragmenter la structure de classe des pays, en ne distinguant plus deux ou trois classes sociales (bourgeoisie, petite-bourgeoisie et prolétariat), mais sept, chacune déterminée par des rapports de production, des rapports de distribution du revenu et un rapport spécifique à l'État. Selon ce modèle, tout en haut se trouve l'« élite », constituée d'un petit groupe restreint d'individus riches (1). Ensuite, le « salariat » désigne les individus qui continuent de bénéficier d'un emploi stable et à plein temps. Ils travaillent principalement dans les grandes entreprises ou dans les administrations de l'État (2). Aux côtés du salariat se trouvent les « proficiens », c'est-à-dire les « professionnels » et les « techniciens », salariés hautement qualifiés ou travailleurs indépendants des professions libérales (3). Ensuite, figure le « prolétariat » ou la « classe ouvrière » au sens restreint, à savoir les travailleurs manuels. Ceux-ci seraient de moins en moins nombreux (4). En dessous de ces quatre groupes on trouve le précariat, toujours plus nombreux (5). Enfin, tout en bas existe une « armée de demandeurs d'emploi » (6) et les « personnes socialement malades vivant des rebuts de la société[9] » (7). Pour Standing, le précariat ne se définit pas positivement, mais se caractérise plutôt par l'absence des différentes formes de sécurité professionnelle qui définissaient la « citoyenneté industrielle » pendant les Trente Glorieuses (sécurité de l'emploi, différentes protections sociales, la possibilité de bénéficier de formations, la possibilité de se syndiquer et d'être représenté sur le lieu de travail, etc.).

Toujours selon Standing, le précariat se caractérise par des rapports de distribution du revenu spécifiques : il ne bénéficie d'aucune forme de salaire indirect, que ce soient des congés payés, un congé maladie ou une retraite[10]. De plus, le précariat n'accède à aucune forme de redistribution des profits du capital, contrairement au salariat. Pour Standing, cela ôte tout sens à la division de la société entre capitalistes et travailleurs, vu qu'une partie des travailleurs bénéficie directement d'une redistribution du capital. Enfin, contrairement aux autres classes de la société, le précariat ne dispose d'aucun soutien de l'État. Qui plus est, le précariat est vu comme une classe potentiellement dangereuse ; par conséquent, il est critiqué, stigmatisé ou réprimé par les autorités.

À la différence de la classe ouvrière, le précariat n'a pas d'unité, il est fragmenté en une multitude de groupes, mais sa condition commune est d'être composé de ce que Standing appelle des « résidents précaires ». Ce terme,

---

9. Guy Standing, *Le Précariat*, *op. cit.*, p. 38-39.

10. Guy Standing, *A Precariat Charter. From Denizens to Citizens*, Londres, Bloomsbury, 2014.

emprunté à la Rome antique, désigne des citoyens qui s'installaient sur le sol romain et pouvaient y exercer certains métiers, mais ne pouvaient accéder aux mêmes droits qu'un citoyen. De la même manière, les intérimaires dans une entreprise peuvent être considérés comme des « résidents précaires » : ils travaillent pour le même patron que les autres, sans pour autant avoir les mêmes droits que les salariés embauchés en CDI. Selon Guy Standing, le précariat pourrait devenir une « classe pour soi », au même titre que la classe ouvrière pendant les Trente Glorieuses, c'est-à-dire une force politique dotée de son propre programme – ce qui n'est pour le moment pas le cas, dans la mesure où le précariat a une faible « mémoire sociale » et où il est atomisé par les politiques de flexibilité du marché du travail.

Quelle proportion de la population appartient au précariat ? Les estimations sont très approximatives car il n'y a pas de consensus sur la définition du terme. Standing avance par exemple que dans de nombreux pays, au moins un quart de la population adulte appartiendrait d'ores et déjà au précariat. Ce chiffre n'inclut pas seulement les personnes avec des contrats à durée déterminée, mais également les personnes qui n'ont aucune perspective de carrière, aucun sentiment d'appartenance professionnelle ou encore aucun droit aux aides gouvernementales, toutes formes de « sécurité » offertes par l'État social-démocrate et décrites plus haut.

En France aussi, la thèse du précariat trouve ses défenseurs. Par exemple, dès 1980, le philosophe André

Gorz parle du développement d'une « non-classe de prolétaires post-industriels ». Chez Gorz, c'est l'automatisation du travail, plus que les politiques néolibérales, qui est désignée comme responsable de l'émergence du précariat. Cette « non-classe » est composée de « surnuméraires », de chômeurs partiels ou plus ou moins permanents[11]. Les travailleurs qui ont gardé leur emploi appartiennent, dans cette perspective, à une « minorité privilégiée », tandis que la nouvelle classe des surnuméraires, produite par la crise du capitalisme, regroupe des individus qui changent sans cesse de métier, mais qui sont incapables de s'identifier à leur travail.

Mais dans l'Hexagone, c'est principalement sous la plume de Robert Castel que l'on trouve formulée l'idée d'un « effritement de la condition salariale » et théorisée l'émergence du précariat. Pour lui, la société salariale était autrefois caractérisée par l'emploi stable et protégé. Malgré les différences de statut, l'ensemble des salariés bénéficiaient de protections de la part de l'État dans le cadre d'une « économie de la solidarité[12] » : le contrat de travail était accompagné des mêmes prérogatives pour tous sur le plan du droit, que l'on soit ouvrier ou cadre. Selon Castel, la nouveauté de notre époque repose sur le fait qu'elle est marquée par la fin de la croissance d'après-guerre, par la fin du plein-emploi et, surtout, par la multiplication des formes atypiques

11. André Gorz, *Adieux au prolétariat. Au-delà du socialisme*, Paris, Galilée, 1980, p. 94.
12. Robert Castel, *La Montée des incertitudes. Travail, protections, statut de l'individu*, Paris, Le Seuil, 2009, p. 160.

d'emploi. Ces mutations constituent un « bouleversement en profondeur de la condition salariale », car « la diversité et la discontinuité des formes de l'emploi sont en train de supplanter le paradigme de l'emploi homogène et stable[13] ». Une « nouvelle question sociale » émerge, où la centralité du travail est remise en cause.

Pour tous ces penseurs, nous nous dirigeons donc vers une configuration où l'emploi stable cesse d'être la norme. À première vue, les chiffres semblent confirmer leur diagnostic : la précarité de l'emploi s'est installée dans le paysage économique des pays riches depuis les années 1980, notamment suite aux politiques de flexibilisation du marché du travail. Le sous-emploi est désormais institutionnalisé : les politiques en question ont en effet été présentées par les gouvernants comme inévitables si les pays riches ne voulaient pas voir le mouvement de désindustrialisation de leurs économies s'accélérer. D'où l'idée selon laquelle la « condition salariale » aurait laissé la place à la « condition précaire[14] ». Toutefois, comme on le verra par la suite, malgré le consensus sur l'extension de la précarité et l'apparition d'un précariat, le diagnostic est largement exagéré, sinon erroné.

La précarité a encore une portée limitée

On voit bien qu'il existe un consensus largement partagé sur les évolutions de l'emploi, depuis la fin des Trente

13. Robert Castel, *Les Métamorphoses de la question sociale. Une chronique du salariat*, Paris, Gallimard, 1995, p. 648.
14. *Ibid.*, p. 169.

Glorieuses jusqu'à aujourd'hui. Ce récit oppose la période qui précède les Trente Glorieuses à la période postérieure à 1975, pendant laquelle la précarité se serait généralisée. Cette analyse a peu été remise en cause, en grande partie pour des raisons idéologiques. L'idée que la précarité submerge le salariat et donne naissance au précariat sert en effet de justification aux milieux politiques et économiques qui promeuvent des réformes visant l'employabilité ou le retour à l'emploi.

Mais à y regarder de plus près, ce récit ne tient pas la route. Dès que l'on s'intéresse aux chiffres de la précarité aujourd'hui dans divers pays développés, on remarque qu'il n'y a pas de réelle rupture entre l'époque des Trente Glorieuses et celle qui suit en matière d'emploi, et que la précarité a moins progressé qu'on ne le croit. En effet, la plupart de ces auteurs se gardent bien de donner une définition claire de la précarité, de même qu'une estimation précise de son étendue, et donc du nombre de personnes relevant du précariat.

Commençons par la France. Les affirmations selon lesquelles les Trente Glorieuses auraient été une période de plein-emploi s'appuient sur le fait que le taux de chômage n'a fait que progresser depuis les années 1970 et sur l'idée que la proportion d'emplois précaires dans la population active n'a cessé d'augmenter. Mais comme l'a montré Marion Plault, le taux de chômage est un indicateur qui invisibilise les « inactifs », généralement des femmes. S'il y a eu une montée du chômage au cours des quarante dernières années (1 % de la population active en 1968, 10 % en 2015), il y a surtout une très forte baisse de l'inactivité (27 % en 1968, 11,5 % en 2015). Ceci se traduit par une baisse du taux de non-emploi[15] : 28 % des 25-49 ans étaient sans emploi au début des années 1970, contre 20 % dans les années 2010[16]. S'il y a eu un semblant de « plein-emploi » pendant les Trente Glorieuses, c'était donc en grande partie lié à un très haut taux de non-emploi.

La baisse du taux de non-emploi est donc principalement due à l'entrée massive et durable des femmes dans l'emploi, ainsi qu'à la féminisation de la population active[17]. En 1968, plus de la moitié des femmes ayant entre 25 et 49 ans n'exerçait pas d'emploi. Cette proportion a été divisée par deux vers les années 2010. Le secteur tertiaire s'est développé, ce qui a mis au travail (salarié) beaucoup de femmes. En même temps, les femmes ont accédé à des emplois dits « masculins ». Dès lors, cela explique que, dans les statistiques, les femmes se trouvant privées d'emploi relèvent non plus de l'inactivité, mais du chômage. Ainsi, le plein-emploi des Trente Glorieuses apparaît avant tout comme un « mythe masculino-centré[18] ».

---

15. Celui-ci regroupe les personnes en situations de chômage et d'inactivité (sans prendre en compte les étudiants et les retraités).

16. Marion Plault, *Métamorphoses et permanences des parcours professionnels en France (1968-2018). Pour une approche cohortale et sexuée des évolutions de l'emploi*, thèse de doctorat, université Paris-Saclay, 2019, p. 69.

17. Ceci ne veut pas dire que les femmes sont entrées pour la première fois sur le marché du travail pendant les Trente Glorieuses. Celles-ci sont entrées et sorties du marché du travail par vagues. Voir : Sylvie Schweitzer, *Les femmes ont toujours travaillé. Une histoire du travail des femmes aux XIXe et XXe siècles*, Paris, Odile Jacob, 2002.

18. Marion Plault, *Métamorphoses et permanences…*, *op. cit.*

En outre, si l'emploi était devenu beaucoup plus précaire, on devrait observer une baisse de l'ancienneté moyenne de l'emploi dans les entreprises, témoignant du fait que l'« emploi à vie » aurait été remplacé par davantage de mobilité professionnelle. Or on constate que l'ancienneté moyenne dans une entreprise se maintient depuis les années 1980, voire qu'elle tend à s'allonger. Elle atteint 9,5 ans en 1982, 10,7 ans en 1995, 10,9 ans en 2000, 11,2 ans en 2005 et 11,4 ans en 2015[19]. L'explication est plutôt simple : l'ancienneté tend à augmenter dans les phases de stagnation économique ou de récession, tandis qu'elle tend à baisser dans les phases de reprise. La croissance favoriserait donc la mobilité, par une augmentation des recrutements et des démissions. Au contraire, dans les phases de récession, les individus ont tendance à se maintenir dans leur emploi. Enfin, la précarité devrait être confirmée par la comparaison entre le nombre des contrats à durée déterminée et celui des contrats à durée indéterminée. Mais là encore, les chiffres vont à l'encontre du sens commun : en France, 87 % des salariés (hors apprentis) le sont en CDI.

Si ces chiffres démentent une généralisation de la précarité, cela ne veut pas dire qu'elle ne progresse pas. Seulement, ce surcroît d'instabilité est principalement subi par les catégories déjà exposées à la précarité, et tout particulièrement par les jeunes en période d'insertion. Le modèle salarial des Trente Glorieuses résiste donc, du moins en France. Qu'en est-il des autres pays ?

19. *Ibid.*, p. 154.

Le Royaume-Uni a été l'un des laboratoires du néolibéralisme après l'arrivée de Margaret Thatcher au pouvoir, en 1979. On s'attend donc à ce que ce soit l'un des pays où la précarité aurait le plus progressé[20]. Pourtant, les emplois temporaires n'y concernent que 6 % de l'ensemble de la main-d'œuvre salariée. Ce chiffre a connu des variations depuis les années 1980, mais est resté globalement stable. Comme en France, ce sont les jeunes entrant sur le marché du travail qui y occupent une grande part des contrats à durée déterminée. De même, les contrats à durée déterminée y agissent comme un pont vers des contrats permanents, moyennant une période plus ou moins longue d'instabilité. Par ailleurs, l'ancienneté moyenne dans les entreprises y est restée relativement constante entre 1975 et 2015, à l'encontre de la thèse d'une déstabilisation des stables[21].

Ces conclusions s'appliquent aussi aux États-Unis. Selon des statistiques publiques, la proportion d'emplois précaires n'a presque pas augmenté pendant la même période, passant de 15,2 % à 15,5 % de l'emploi total. De même, autour de 85 % des salariés y conservent un emploi relativement stable[22]. Bref, ces différents chiffres montrent que le salariat n'a pas été

20. David Harvey, *Brève histoire du néo-libéralisme*, trad. fr. collective, Paris, Les Prairies ordinaires, 2014.

21. Joseph Choonara, *Insecurity, Precarious Work and Labour Markets. Challenging the Orthodoxy*, Londres, Palgrave Macmillan, 2019.

22. Kim Moody, *On New Terrain*, *op. cit.*, p. 25.

submergé par le précariat. Et, même, que le premier continue d'être la norme.

Précariat partout, prolétariat nulle-part

On peut pousser la critique du précariat plus loin. À l'idée selon laquelle le précariat serait une nouvelle classe sociale, je réponds, avec Erik Olin Wright, qu'il s'agit plutôt une fraction du prolétariat et que, la plupart du temps, leurs intérêts ont tendance à converger[23]. Pour Wright, les différentes classes sociales peuvent être pensées comme des acteurs dans un jeu. Si le jeu changeait pour le mieux, avec, par exemple, la mise en place du socialisme, alors les conditions matérielles des deux classes en question s'amélioreraient conjointement. De plus, si les conditions de vie du précariat s'amélioraient (à travers, par exemple, la mise en place des mesures défendues par Standing, comme l'accroissement de la régulation du travail flexible ou la démocratisation des processus de décision dans les entreprises), cela aurait également des conséquences favorables pour le prolétariat. Ce dernier se trouverait moins sous la menace d'une chute dans la précarité, et serait donc dans une meilleure situation pour négocier avec les employeurs.

L'absence de protection ne suffit donc pas à constituer le précariat comme une classe à part entière. En France, au lendemain de la crise économique de 2008, des milliers d'intérimaires ont perdu leur emploi dans

23. Erik Olin Wright, *Understanding Class*, Londres, Verso Books, 2015, p. 157-173.

l'industrie automobile. Leur destin n'a que peu suscité l'intérêt des médias, des politiciens et même des syndicats, car ils n'ont pas été licenciés – leurs contrats n'ont tout simplement pas été renouvelés. Rien qu'à l'usine PSA de Mulhouse, près de 2 000 postes d'intérimaires ont été supprimés entre 2011 et 2013. Opposer les intérêts des permanents et des temporaires n'a pas de sens dans une région où l'industrie automobile est un des principaux employeurs et où la crise affecte tout le bassin d'emploi[24]. Souvent, dans les familles des classes populaires, un des deux parents est ouvrier permanent chez PSA, tandis que les enfants sont intérimaires dans la même usine l'été ou en attendant de trouver un meilleur emploi ailleurs. L'usine occupe une place centrale pour les jeunes sortant du lycée. Comme me l'a dit un de ces intérimaires, « Peugeot est le service militaire de la région », c'est-à-dire un passage obligatoire. Pour PSA, ils représentent une main-d'œuvre corvéable. L'entreprise dispose souvent de deux moyens pour réaliser les objectifs mensuels de production : embaucher du personnel intérimaire ou recourir à des heures supplémentaires. La suppression des emplois intérimaires correspond dès lors à une perte de revenu pour les familles ouvrières, tandis que les salariés permanents se trouvent confrontés à une surcharge de travail, qui prend souvent la forme d'heures supplémentaires obligatoires.

---

24. Stéphane Zins, « PSA Peugeot Citroën-Mulhouse : une emprise territoriale marquante », INSEE, chiffres pour l'Alsace, n° 2, 2009.

Mais c'est surtout quand ils luttent ensemble qu'on voit que les intérêts des précaires et des permanents peuvent converger. En Espagne, l'entreprise de télécommunications Movistar a réussi à réduire le nombre de ses employés de plus de moitié entre 1993 et 2007, malgré une augmentation du niveau d'activité en raison de son monopole sur le secteur et du développement d'Internet. Cela a favorisé l'explosion du recours à des techniciens auto-employés qui accomplissent le même travail que les techniciens employés directement par l'entreprise. Outre qu'ils font de longues journées, ces travailleurs sous-traités devaient louer leurs uniformes et les voitures avec le logo de Movistar. En 2015, lorsque l'entreprise a cherché à réduire la rémunération des techniciens, ceux-ci – qu'ils soient salariés par l'entreprise ou contractuels – ont fait grève ensemble pendant 71 jours. À la fin du conflit, ils ont obtenu des augmentations de salaire et l'embauche de techniciens contractuels[25]. En Inde aussi, les travailleurs permanents et temporaires se sont mobilisés ensemble à plusieurs occasions, comme lors du célèbre conflit de l'usine automobile Maruti Suzuki à Manesar, entre 2011 et 2012. Les grévistes demandaient l'embauche des travailleurs temporaires, leur intégration dans les négociations collectives, la fin des différences de salaire (les précaires gagnaient seulement 40 % du salaire d'un travailleur permanent), ou

---

25. Martí López-Andreu, « Breaking Fragmentation through Mobilization: The Development of a Collective Identity during Movistar's Contractors' and Technicians' Strike in Spain », *Work, Employment and Society*, n°34/4, 2020, p. 661-677.

encore la reconnaissance du syndicat. Alors que les bas salaires et la menace d'être licenciés auraient dû être un frein à l'implication des travailleurs temporaires dans la grève, l'expérience commune des conditions de travail a permis une mobilisation conjointe[26].

Les tenants du concept de précariat affirment que l'« ouvrier » a été substantialisé par la gauche pendant les Trente Glorieuses, ce qui l'aurait rendu aveugle aux populations travaillant aux marges du salariat[27]. Pourtant, l'inverse peut aujourd'hui être dit au sujet du précariat. La focalisation sur le précariat et sur les formes d'emploi « atypiques » a entretenu un défaut d'intérêt pour les transformations du salariat stable lui-même. Or, ce ne sont pas seulement le chômage et la précarité qui déstabilisent le salariat[28]. Cette déstabilisation s'opère aussi au cœur même du salariat stable, notamment avec des horaires de plus en plus flexibles, ou avec le développement de formes de rémunération variables et individualisées. Les entreprises préfèrent reporter les risques économiques sur leurs employés, ce qui fait que davantage de salariés sont obligés de « faire leur salaire », comme le dit Sophie Bernard, en

26. Lorenza Monaco, « Where Lean May Shake: Challenges to Casualisation in the Indian Auto Industry », *Global Labour Journal*, nº 8/2, 2017 ; Tom Barnes, « Is There an Indian Precariat? Evidence from the Auto Manufacturing Industry », *Journal of Contemporary Asia*, 24 février 2021.

27. Patrick Cingolani, *Révolutions précaires. Essai sur l'avenir de l'émancipation*, Paris, La Découverte, 2014.

28. Sophie Bernard, *Le Nouvel Esprit du salariat. Rémunérations, autonomie, inégalités*, Paris, Puf, 2020.

atteignant des objectifs – et qu'ils voient leur rémunération baisser si la situation économique se dégrade. C'est cette dimension de leur vie professionnelle qui les rapproche des nouveaux travailleurs « indépendants » des plateformes. Nous n'assistons donc pas à un « dépassement du salariat », mais plutôt à une reconfiguration de sa sujétion.

La précarité est-elle un phénomène nouveau ?

Ce que j'ai dit plus haut n'a pas pour but d'occulter le fait que la précarité existe ou qu'elle progresse. La précarité est en quelque sorte contenue dans la nature même du contrat de travail sous le capitalisme. En principe, sur le plan du droit, un travailleur est libre de négocier le prix de sa propre force de travail à pied d'égalité avec son futur employeur (ce qui n'était pas le cas des esclaves ou des cerfs). Cette conception libérale de la relation salariale – qu'elle prenne la forme d'un contrat écrit ou non – veut que celle-ci soit une transaction commerciale entre sujets formellement égaux. Naturellement, cette égalité sur le plan juridique ne se traduit pas par une égalité dans la vie de tous les jours. Marx a fait de la critique de ce droit « bourgeois » un des thèmes majeurs du *Capital* et un élément essentiel de sa théorie de l'exploitation. Ce droit, qui consacre la « liberté du travail » – liberté du salarié de vendre sa force de travail et liberté de l'employeur d'employer quiconque –, penche toujours en faveur du capitaliste, qui peut rompre à tout moment le contrat commercial qui le lie à ses ouvriers.

Par exemple, en France, au moins jusqu'en 1890, tous les contrats étaient à durée déterminée. Les patrons avaient le droit de licencier leurs salariés sans aucune indemnité. Cette situation évolue au tournant du XXe siècle, avec l'apparition des contrats « sans détermination de durée » et des indemnités de licenciement.

Cela veut dire que la précarité n'a rien d'exceptionnel sous le capitalisme. Elle n'a rien de nouveau non plus. Différentes formes de précarité se sont succédé au cours de l'histoire. La division entre permanents et temporaires est observable dès l'émergence de la société salariale. La société issue de la Révolution française n'oppose pas de manière binaire ouvriers et patrons. Elle met en place un cadre juridique favorable au marchandage (*putting out system*), où un ouvrier « entrepreneur » engage d'autres ouvriers – souvent issus de sa propre famille, mais pas exclusivement – pour participer à la réalisation d'un ouvrage. Dès lors, si d'un côté on trouve des manufactures où un fabriquant possède des machines et des matières premières, de l'autre, on trouve également un ouvrier-entrepreneur qui reçoit les matières premières et qui sous-traite le travail à « ses » ouvriers pour les faire travailler chez eux, ou chez le fabricant. Comme le rappelle Claude Didry, le marchandage a eu une longue vie et il est très présent dans les mines jusqu'à la fin du XIXe siècle[29]. Zola le décrit d'ailleurs dans *Germinal*. Un « chef de marchandage »

29. Claude Didry, *L'Institution du travail. Droit et salariat dans l'histoire*, Paris, La Dispute, 2016.

embauche Étienne Lantier, héros du livre, avec d'autres ouvriers pour le travail dans la mine. Le chef de marchandage est en concurrence avec d'autres chefs sur le prix de la berline de charbon, ce qui à son tour pousse les ouvriers au rendement et fait pression sur le salaire. Les pétitions et les grèves se succèdent pour demander l'abolition du marchandage. Celui-ci est officiellement aboli par la révolution de 1848; pourtant, comme on l'a vu, le marchandage et l'exploitation entre ouvriers perdurent jusqu'au début du XXe siècle.

D'autres formes de travail temporaire existaient au XIXe siècle. Elles concernaient notamment le travail du fer dans certains villages, où forges et exploitations agricoles fonctionnaient ensemble. Cela instituait une division entre des ouvriers « externes » – souvent des paysans –, nombreux et employés seulement l'hiver aux tâches les plus simples, et des ouvriers internes ayant un métier – forgerons, puddleurs, lamineurs, etc. –, minoritaires et employés tout au long de l'année[30]. On retrouve cette division plus tard, dans les années 1930. Le contrat de travail n'était alors toujours pas une protection contre le licenciement dans le secteur de la vente en magasin. En effet, le droit du travail naissant ne s'était intéressé qu'aux ouvriers et non pas aux employés[31]. Anne-Sophie

---

30. Gérard Noiriel, « Du "patronage" au "paternalisme" : la restructuration des formes de domination de la main-d'œuvre ouvrière dans l'industrie métallurgique française », *Le Mouvement social*, n° 144, 1988, p. 17-35.

31. Anne-Sophie Beau, « Les salarié-e-s du grand commerce : des "employé-e-s" ? Les parcours professionnels des salarié-e-s du Grand Bazar de Lyon aux 19e et 20e siècles », *Travail, genre et sociétés*, vol. 8, n° 2, 2002, p. 55-72.

Beau montre que jusqu'en 1936, les contrats des salariés du Grand Bazar de Lyon pouvaient être rompus du jour au lendemain, sans préavis ni indemnité. Deux types d'emplois se côtoyaient : les « titulaires » bénéficiaient d'un salaire mensualisé et de huit jours de préavis en cas de licenciement ; les « auxiliaires », largement majoritaires, étaient eux rémunérés à la journée. Et si la précarité est limitée, à partir de 1936, avec les premiers contrats collectifs, elle ne disparaît pas pour autant – notamment parce que le patronat élabore des stratégies de contournement du droit du travail[32].

Ce n'est que plus tard, au cours du XXe siècle, que le contrat de travail est progressivement associé à un statut protecteur. D'un côté, les employeurs ont vu un avantage économique à fidéliser une partie de la main-d'œuvre. La rationalisation de la gestion de celle-ci peut être une manière de réduire des coûts pour les entreprises. Le contrat de travail s'avère ainsi utile pour stabiliser la main-d'œuvre et ne pas avoir à rechercher de nouveaux travailleurs en permanence. De l'autre, le mouvement ouvrier a conquis de haute lutte de nombreux acquis sociaux, dont une relative stabilité de l'emploi. Bien sûr, cela a pris du temps. En France – souvent perçue à l'étranger comme la patrie du mouvement ouvrier et de l'État providence –, il faut quand même attendre les années 1960 pour que soient mises en place des mesures de protection des travailleurs face

---

32. Voir aussi : Anne-Sophie Beau, *Un siècle d'emplois précaires. Patronne-s et salarié-e-s dans le grand commerce (XIXe-XXe siècles)*, Paris, Payot, 2004.

aux licenciements collectifs. En 1966 est ainsi instaurée l'information-consultation des comités d'entreprise dans le cas de restructurations d'entreprises, et en 1969 sont introduites trois mesures importantes visant à limiter les effets de ces restructurations : les reclassements, les préretraites et les compensations économiques aux licenciements. La loi de juillet 1973 interdit le licenciement sans « cause réelle et sérieuse ». Enfin, la loi de janvier 1975 met en place l'autorisation administrative du licenciement, c'est-à-dire l'obligation d'un contrôle préalable de la validité d'un licenciement économique par l'administration du travail. Ces différentes mesures visent à orienter l'employeur vers des alternatives aux licenciements « secs » et à réduire la prérogative patronale en matière d'emploi.

On voit donc qu'un emploi stable et de longue durée est une norme relativement récente dans l'histoire du capitalisme français. Ces mesures n'ont été possibles que grâce à un rapport de force favorable au mouvement ouvrier, à un contexte économique spécifique – celui de la croissance d'après-guerre –, et à l'intérêt que les employeurs ont pu trouver à garder une partie de la main-d'œuvre dans des meilleures conditions d'emploi – notamment les travailleurs qualifiés. Pourtant, certains éléments mentionnés dans ce chapitre laissent penser que cette tendance est en train de s'inverser, bien que de manière encore limitée. Les employeurs et les gouvernants reviennent à l'assaut dans les médias et à l'occasion de leurs discours de campagne, où ils reprennent le vocabulaire de la « mobilité » et défendent la « liberté » qui serait celle des individus de changer de travail pour justifier les réformes visant la « flexibilisation » du marché du travail.

La précarité s'installe donc de manière durable dans certains secteurs, où les salariés sont plus exposés que d'autres à l'instabilité. Par exemple, l'industrie automobile connaît un fonctionnement saisonnier. Pendant les périodes de crise, des centaines de travailleurs intérimaires (souvent jeunes, fils d'immigrés) sont « renvoyés » d'un jour à l'autre pour revenir quelques mois plus tard seulement, une fois que la vente de voitures est repartie à la hausse. Tout le monde à l'usine, des employeurs aux syndicats en passant par les ouvriers eux-mêmes, considère cet état de fait comme normal. Le recours à des contrats à durée limitée se justifie du point de vue des employeurs par la baisse du coût du travail, l'adaptation du volume d'emplois aux besoins des entreprises et la possibilité de « trier » plus facilement la main-d'œuvre. De plus, les nouvelles industries, comme celles du secteur logistique, dépendent aussi d'une main-d'œuvre « flottante » : parfois, les conditions de travail sont si difficiles et les salaires si bas que les employeurs sont conscients qu'aucun intérimaire ne restera plus de quelques mois.

L'existence de plusieurs marchés du travail – et donc la possibilité que stabilité de l'emploi et précarité coexistent – n'a rien de fondamentalement contre-intuitif. En France, on estime que sur trente-deux millions de personnes ayant occupé un emploi sur l'année, environ sept millions appartiennent au marché du travail secondaire[33]. Sans surprise, il s'agit le plus souvent de jeunes, de femmes et d'immigrés. Il ne faut pas penser que ce marché du travail secondaire n'est composé que de précaires. On y trouve aussi des travailleurs permanents (environ 35 % du total). Seulement les conditions de travail, les salaires ou l'emploi y sont de moins bonne qualité que sur le marché du travail primaire. De même, il ne faut pas penser que les frontières entre marchés du travail primaire et secondaire sont étanches. On peut même dire que ce n'est pas tant le statut de l'emploi qui compte que la possibilité de s'y trouver indéfiniment. Comme je l'ai dit plus haut, beaucoup de jeunes précaires sont dans une phase d'insertion (certes, de plus en plus longue).

La thèse selon laquelle le précariat serait en train de supplanter le salariat stable ne résiste donc pas à l'analyse. Cela ne veut pas dire que la condition du salariat stable, en France ou ailleurs, soit enviable. Au contraire, les salaires stagnent et les conditions de travail se dégradent. Les crises économiques, comme celle de 2008 ou celle consécutive à la pandémie de Covid-19, sont autant d'occasions dont les employeurs se sont emparés pour renégocier plusieurs aspects des conditions de travail, au nom du maintien de l'emploi.

Au lieu de les voir comme un groupe à part, séparé du reste du salariat, il faut penser les précaires comme faisant partie d'un vaste ensemble de travailleurs, avec

33. Claude Picart, « Trois segments pour mieux décrire le marché du travail », *Insee Références*, 2017.

ou sans contrat de travail, qu'ils reçoivent ou non leur rémunération sous la forme d'un salaire. Cela saute aux yeux lorsque ceux-ci sont à l'origine de conflits du travail. Les luttes de précaires étonnent souvent par leur détermination, ou parce qu'elles apparaissent là où on ne les attend pas. Elles sont souvent menées sans la présence ou sans le soutien de syndicats, mais finissent par trouver en eux un soutien précieux. Par exemple, en France, les chauffeurs Uber se sont d'abord organisés dans des associations professionnelles, puis ont rejoint diverses confédérations syndicales. Il en va de même pour les livreurs de repas, qui ont créé leurs propres collectifs après plusieurs grèves. On peut penser aussi au travail de ménage dans l'hôtellerie, au cœur de plusieurs conflits du travail depuis des années. Plutôt que de considérer le précariat comme un statut qui pourrait opposer les travailleurs entre eux, il convient de comprendre comment les précaires contribuent à changer le paysage syndical.

3

Les nouveaux prolétaires du numérique

Jusqu'à présent, j'ai davantage insisté sur les continuités que sur les ruptures en matière de travail. Or certes, les nouvelles technologies ne vont pas rendre le travail superflu, et la précarité ne va pas faire disparaître le salariat. Cependant, le travail n'en cesse pas moins de changer sous l'effet de nouvelles forces. Au lieu d'une disparition, il faudrait plutôt parler d'une prolifération du travail à l'échelle mondiale, dans de nouveaux secteurs d'activité et sous de nouvelles formes. Le sens commun parle de ces changements en termes d'ubérisation, de plateformisation ou d'amazonification, autant de néologismes qui cherchent à saisir le phénomène qui consiste à mettre au travail de nouvelles populations en contournant le droit du travail au travers de plateformes numériques, et à exercer une pression à la baisse sur les prix et les salaires en imposant une logique de juste-à-temps, des cadences infernales et des horaires impraticables.

L'ampleur du phénomène justifie qu'on s'y intéresse. Les médias et les gouvernements se penchent également dessus, dans la mesure où ces tentatives de remarchandiser le travail à travers des instruments de gestion qui reposent sur les technologies de l'information, les données numériques et Internet[1] se heurtent à des résistances de la part des secteurs ubérisés ou des travailleurs des plateformes eux-mêmes. L'apparition dans les grandes métropoles d'entreprises telles qu'Uber ou Deliveroo, pour ne citer que les plus connues, a été suivie de quelques tentatives timides de réguler leurs activités. On a l'impression que les plateformes et les travailleurs sont engagés dans un bras de fer juridique transnational autour du statut de ces nouveaux prolétaires. Pas un jour ne passe sans qu'un tribunal ne requalifie un travailleur des plateformes en salarié. En outre, la crise du Covid-19 a grandement contribué à donner de la visibilité à ceux-ci. Pendant les confinements successifs, les livreurs de repas ou de colis semblaient être parmi les rares personnes autorisées à circuler dans les grandes villes. Clairement, nous sommes bien loin d'une « économie du partage », d'une « économie intelligente » ou d'une « économie collaborative », termes souvent utilisés par les économistes ou par des entrepreneurs enthousiastes face au développement de ces nouvelles formes de travail. Plutôt, ces dispositifs de mise au travail renouent avec des formes d'exploitation

---

1. Nick Srnicek, *Capitalisme de plateforme. L'hégémonie de l'économie numérique*, trad. fr. P. Blouin, Montréal, Lux, 2018.

propres à la société fordiste, certes sous des formes différentes. En quelque sorte, les transformations que je décris ne sont pas si nouvelles que ça, dans la mesure où le capital, toujours à la recherche de moyens d'échapper à une main-d'œuvre organisée dans des syndicats et des moyens de compenser la chute de profitabilité d'anciennes branches de l'économie, ne cesse d'investir dans de nouveaux produits et dans de nouveaux secteurs. Par là même, il attire à lui une nouvelle armée de travailleurs voués à s'organiser et à lutter à leur tour s'ils souhaitent se protéger du marché du travail.

Le travail suit le capital

Avant d'entrer dans le vif du sujet, il faut essayer de comprendre comment le capitalisme a tendance à faire proliférer le travail dans le monde. Contrairement à une idée reçue, la nouvelle économie (les services, le numérique, etc.) n'a pas remplacé l'ancienne (l'industrie). Ceux qui croient le contraire perpétuent une vision eurocentrée des transformations de la société et de l'économie. Paradoxalement, alors qu'on n'a cessé de parler de la société postindustrielle depuis cinquante ans, jamais autant de personnes n'ont été employées dans l'industrie manufacturière à l'échelle mondiale[2]. Certes, l'emploi manufacturier régresse dans la plupart des pays riches, mais il progresse dans de nombreux pays émergents. Autrement dit, on assiste,

2. Pierre Veltz, *La Société hyper-industrielle. Le nouveau capitalisme productif*, Paris, Le Seuil, 2017, p. 11.

avec la globalisation, à un basculement de l'emploi industriel des pays du Nord vers les pays du Sud. Qui plus est, contrairement à l'idée selon laquelle aurait eu lieu un processus de désindustrialisation à l'échelle mondiale – effet de la productivité du travail ou de l'avènement d'une économie « immatérielle » –, la part de l'emploi industriel dans le monde reste stable depuis les années 1970[3]. En paraphrasant l'économiste Robert Solow, on peut dire que la désindustrialisation est partout, sauf dans les statistiques de l'emploi[4].

Ceci s'explique assez simplement. Le capital doit faire face à deux forces qui lui sont contraires : les crises de profitabilité et les conflits du travail. C'est pour cela qu'il se dirige vers des régions où les salaires sont plus faibles et la main-d'œuvre plus facile à contrôler. Cependant, chaque délocalisation de la production dans des pays à bas coût crée de nouvelles classes ouvrières nationales ou renforce celles déjà existantes. Autrement dit, la mondialisation généralise les conditions de la production de masse qui autrefois étaient spécifiques aux pays du Nord. Et la diffusion de l'industrie dans le monde diffuse également les conflits du travail à l'échelle internationale, diffusion qui initie un nouveau cycle de relocalisation du capital, de désinvestissement et d'investissement dans de nouveaux pays, dans un mouvement qui s'apparente à la recherche d'un mirage :

3. Jesus Felipe et Aashish Mehta, « Deindustrialization? A global perspective », *Economic Letters*, n° 149, 2016, p. 148-151.

4. Je tiens à remercier Angelo Moro pour avoir attiré mon attention sur ces données.

celui d'une main-d'œuvre bon marché et disciplinée. Car ce mouvement aboutit inévitablement à recréer des mouvements syndicaux revendicatifs dans les pays où s'installe le capital[5]. Bien entendu, cela va à l'encontre de l'idée selon laquelle les débats autour du futur du travail ne concerneraient que les pays du Nord[6].

De plus, la délocalisation du capital dans d'autres régions du globe, action qui vise à contenir les crises de profitabilité, ne fait que repousser celles-ci. C'est pour cela que le capital cherche en même temps de nouveaux secteurs, de nouveaux produits ou de nouvelles industries où investir. L'épicentre du travail ne change donc pas seulement d'un pays à l'autre selon les mouvements du capital, mais aussi d'une industrie à une autre, ou d'une marchandise à une autre. Différentes industries ont soutenu l'accumulation du capital selon les périodes. Le textile a été l'industrie dominante du XIXe siècle, tandis que l'automobile a été celle du XXe siècle. Quelle sera l'industrie dominante qui s'érigera au-dessus de ces dernières au XXIe siècle ? On ne peut pas répondre de manière univoque à cette question. Celle-ci sera à la source d'un nouvel élan d'accumulation du capital, mais aussi de nouveaux conflits du travail et de nouvelles crises. Pour certains, la logistique serait en train de le devenir ; pour d'autres, ce serait plutôt la fabrication de batteries – secteur central à l'époque de la transition

5. Beverly J. Silver, *Forces of Labor. Worker's Movements and Globalization since 1870*, Cambridge, Cambridge University Press, 2003.
6. Ronaldo Munck, « The Precariat: a view from the South », *Third World Quarterly*, n° 34/5, 2013, p. 747-762.

écologique – ; pour d'autres encore, l'importance croissante des données voue l'économie numérique à devenir le nouveau moteur du capitalisme. Quoi qu'il en soit, le travail et les conflits du travail suivent les mouvements du capital. C'est ce que je vais montrer, dans ce chapitre et le suivant, à partir de l'exemple des plateformes numériques et de la logistique.

Les prolétaires du numérique

L'économie numérique est présentée comme un secteur innovant et dynamique dans une économie stagnante. Il s'agit précisément d'un de ces nouveaux secteurs qui appellent des investissements massifs afin de contrer la baisse de la productivité et de la profitabilité ailleurs, notamment dans le secteur manufacturier. On présente fréquemment l'économie numérique comme un secteur où le travail serait moins pénible, moins contraignant et plus intéressant. Avec son développement, le travail et les produits du travail deviendraient aussi de plus en plus immatériels. Les productions culturelles, les savoirs, les services, seraient les marchandises de cette nouvelle économie. Même les marchandises matérielles telles que les voitures, les maisons, les téléphones portables, contiendraient de plus en plus de connaissances[7].

Pourtant, loin de ces images idylliques, le travail dans l'économie numérique se révèle bien souvent pénible et peu rémunérateur. Cette nouvelle économie n'existe pas dans le *cloud*, au-dessus des rapports sociaux, elle

7. Nick Srnicek, *Capitalisme de plateforme*, *op. cit.*

repose en réalité sur le travail de millions de personnes. En quelque sorte, les débats sur le futur du travail se sont trop focalisés sur sa disparition, alors que les nouvelles technologies contribuent à forger une armée de nouveaux prolétaires du numérique, liés entre eux et aux entreprises par des liens algorithmiques. Ces travailleurs sont le plus souvent invisibilisés, malgré leur importance pour le développement et le fonctionnement des nouvelles entreprises du numérique, dont les plateformes sont l'exemple paradigmatique. On n'assiste donc pas à une disparition du travail, mais à sa multiplication dans des métiers pénibles et mal rémunérés.

Les termes qu'on emploie pour parler de ces transformations en disent long sur ce qu'on met derrière elles. On parle surtout de *gig economy*, traduit en français par « économie de la pige », ou « économie à la tâche ». Cette dernière dénomination correspond à un des aspects fondamentaux de l'économie numérique, le travail précaire, temporaire et/ou à la tâche. On parle également d'« ubérisation », pour désigner le processus de « plateformisation » des travailleurs d'un secteur d'activité et de dégradation concomitante des conditions de travail et d'emploi. En effet, accompli le plus souvent sous un statut d'indépendant, ce travail à la tâche rémunère mal et il n'offre pratiquement aucune perspective de carrière.

Mais c'est l'expression « capitalisme de plateforme » qui est la plus adéquate, car elle rappelle que les entreprises du numérique sont précisément cela, des entreprises, dont le but demeure donc d'accumuler des profits, mais sous de nouvelles modalités. Cette expression met aussi l'accent sur la création de la valeur et sa répartition entre les entreprises qui détiennent les algorithmes et leurs travailleurs, ainsi que sur les conflits qui émergent autour de cette répartition[8]. Enfin, alors que les défenseurs du capitalisme de plateforme le présentent sous les signes d'une radicale nouveauté, cette expression permet de souligner les nombreuses continuités avec le régime capitaliste d'accumulation précédent.

Mais la nouveauté du capitalisme de plateforme ne réside pas seulement dans les faibles rémunérations ou l'instabilité de l'emploi, choses que l'on trouve également dans le capitalisme « à l'ancienne ». Le propre des plateformes numériques est plutôt d'avoir externalisé la totalité de leur main-d'œuvre et de se présenter simplement comme des intermédiaires entre des vendeurs de services (comme des « collaborateurs ») et des clients. De ce fait, les travailleurs des plateformes assument entièrement les risques liés à l'activité, tout en restant dépendants des plateformes pour l'organisation du travail et leur rémunération. De plus, parce qu'ils travaillent sous le statut d'indépendants, ils ne bénéficient ni de congés payés, ni d'un salaire minimum, ni de protections contre le licenciement. Mais la nouveauté d'un tel système se trouve surtout dans l'architecture technologique des plateformes, qui leur

8. *Ibid*. Voir aussi Sarah Abdelnour et Sophie Bernard : « Vers un capitalisme de plateforme ? Mobiliser le travail, contourner les régulations », *La Nouvelle Revue du travail*, nº 13, 31 octobre 2018, en ligne.

permet de mobiliser une vaste main-d'œuvre dispersée géographiquement sans avoir recours à un contremaître, ou à une discipline de bureau ou d'atelier. Cette architecture permet également de mettre en rapport des travailleurs et des clients qui autrement ne se seraient jamais rencontrés. En cela, les plateformes constituent une extension du domaine du marché. Autrement dit, elles marchandisent des rapports qui autrefois ne l'étaient pas, elles contribuent à remplacer des rapports personnels (amitié, parenté, communauté, etc.) par des rapports marchands[9]. C'est le cas en particulier du travail domestique : pris en charge encore majoritairement par les femmes au sein de la famille et invisibilisé comme travail car hors du marché et non rémunéré, il entre de plus en plus dans le marché, notamment via des plateformes. L'entreprise Wecasa propose par exemple des services à domicile aussi variés que le ménage, la garde d'enfant, des soins esthétiques ou du coaching sportif.

On peut distinguer au moins deux types de travail spécifiquement requis par les plateformes numériques[10]. D'un côté, le *work-on-demand via app*, qui consiste à mettre en lien un client avec un travailleur. Il s'agit de l'activité la plus connue (car la plus visible), celle des livreurs à vélo de Deliveroo, d'Uber Eats et de

---

9. Matthieu Montalban, Vincent Frigant et Bernard Jullien, « Platform economy as a new form of capitalism: a Régulationist research programme », *Cambridge Journal of Economics*, vol. 43/4, 2019, p. 805-824.
10. Valerio De Stefano, « The rise of the "just-in-time workforce": on-demand work, crowdwork and labour protection in the "gig-economy" », *ILO Working Papers*, International Labour Organization, 2016.

Frichti, ou des conducteurs d'Uber et de Lyft, mais aussi d'autres activités dont la commande passe par des plateformes numériques, comme le ménage chez Helpling ou l'aide à domicile chez Click&Care[II]. De l'autre côté, on distingue le *crowdwork, cloudwork*, *clickwork* ou *crowdsourcing* (en référence à l'*outsourcing*, la sous-traitance), qui consiste à sous-traiter un travail à un vaste ensemble de personnes sur Internet, sous la forme d'un appel ouvert. Mais ce type de travail peut concerner également le *freelance* classique, c'est-à-dire des travailleurs qualifiés indépendants. Ainsi, Fiverr ou Upwork mettent en rapport des clients avec des personnes en *freelance* dans le design graphique ou l'édition de vidéos.

Les nouveaux prolétaires du numérique sont soumis à un management algorithmique autoritaire, surtout dans le cas du *work-on-demand via app*. Ainsi, lorsqu'une commande est passée sur son application, l'algorithme de l'entreprise de livraison de repas Deliveroo estime un temps de préparation et de livraison. Il attribue ensuite la commande à un livreur selon sa localisation. La gestion algorithmique du procès de travail permet une plus grande coordination de celui-ci. Or cela ne suffit pas : un algorithme peut coordonner le travail, mais il peut difficilement discipliner les travailleurs. C'est pour cela que la plateforme a recours à un deuxième dispositif de mise au travail des livreurs : le système de rémunération à la pièce. Celui-ci intensifie le travail et force

---

II. Jamie Woodcock et Mark Graham, *The Gig Economy. A Critical Introduction*, Cambridge, Polity, 2020, p. 22.

les travailleurs à s'y impliquer, c'est-à-dire à travailler plus vite. Cela ne va pas sans risques pour la santé des livreurs qui, afin de tenir les cadences, sont obligés de circuler de plus en plus vite, ou d'emprunter des passages dangereux. Le statut d'indépendant tient une place importante dans le système de contrôle du travail mis en place par Deliveroo : l'entreprise ne cotise pas à l'assurance chômage, ce qui augmenterait ses coûts opérationnels[12].

Les nouveaux prolétaires du numérique sont invisibilisés. Pourtant, dans le cas du *crowdwork*, ils sont derrière l'essor des plateformes numériques et du développement de l'intelligence artificielle. Afin de développer des intelligences artificielles ou de faire fonctionner les algorithmes, des plateformes numériques sous-traitent du travail à un ensemble vaste de personnes sur Internet, sous la forme d'appels ouverts. Des plateformes numériques décomposent le procès de travail en des dizaines, des centaines, voire des milliers de tâches qui sont ensuite proposées à une foule de personnes en télétravail. Ce travail, payé à l'unité – parfois seulement quelques centimes d'euro la tâche –, est ce que l'on appelle le micro-travail. Il consiste en une multitude d'activités extrêmement variées, de la retranscription de documents à la traduction de bouts de textes, en passant par la correction de bases de données ou le nettoyage du catalogue des sites de vente en

12. Callum Cant, *Riding for Deliveroo. Resistance in the New Economy*, Cambridge, Polity, 2020.

ligne[13]. Les micro-travailleurs sont aussi impliqués dans la constitution de bases de données visant à entraîner des machines via le *machine learning* (par exemple recopier des devis, décrire des tickets de caisse, recopier des documents). Il s'agit notamment de produire des exemples pour développer des assistants vocaux ou des logiciels de reconnaissance d'images. Les intelligences artificielles ont aussi besoin de contrôles de qualité qui peuvent être effectués par les micro-travailleurs (vérifier par exemple qu'un moteur de recherche affiche les bons résultats). Cela ne concerne pas seulement des produits en train d'être développés, mais aussi des technologies déjà commercialisées, ce qui montre que le micro-travail est une dimension structurelle, et non pas conjoncturelle, des intelligences artificielles[14]. Cette dépendance de l'intelligence artificielle aux micro-travailleurs est le secret honteux et le déni fondateur des discours triomphalistes sur l'intelligence artificielle.

Le *crowdwork* est une façon facile, rapide et peu coûteuse d'externaliser le traitement d'importantes quantités de données. De plus, le propre du *crowdwork* est d'être aisément externalisable à l'étranger. Il suffit en effet de disposer d'un ordinateur ou d'un smartphone avec Internet pour pouvoir travailler pour ces

13. Antonio A. Casilli, *En attendant les robots. Enquête sur le travail du clic*, Paris, Le Seuil, p. 119.
14. Antonio A. Casilli, Paola Tubaro, Clément Le Ludec, Marion Coville, Maxime Benseval, Touhfat Mouhtare et Elinor Wahal, *Le Micro-Travail en France. Derrière l'automatisation, des nouvelles précarités au travail ?*, rapport final Projet DiPLab-« Digital Platform Labor », 2019.

plateformes. Au fond, le micro-travail repose sur l'idée que chaque temps mort doit pouvoir être converti en un temps productif. Chaque temps mort, chaque queue de supermarché, chaque salle d'attente, chaque arrêt de bus devient un espace de travail temporaire[15]. Les plateformes de micro-travail fonctionnent très souvent sans contrat : l'acceptation par les micro-travailleurs des conditions générales de la plateforme en fait office. Ce « contrat » est, de plus, conçu spécifiquement pour échapper aux critères juridiques de la subordination entre un salarié et un employeur.

Il faut souligner que les nouveaux prolétaires du numérique sont le visage contemporain d'une figure ancienne du monde du travail. En effet, un système similaire existait au XIXe siècle, le *putting-out system*, ou tâcheronnat. Au XIXe siècle, malgré la révolution industrielle qui contribue à regrouper les salariés dans un seul et même endroit – la manufacture –, beaucoup de personnes travaillaient encore à domicile (notamment dans le tissage et la confection) ou n'étaient pas directement embauchées par un patron. Ces travailleurs étaient formellement indépendants, parce qu'ils travaillaient pour un « preneur d'ouvrage » et non pour un patron[16]. Ainsi, il y avait toute une masse de travailleurs qui, n'étant pas liés par un contrat de travail à un capitaliste, étaient liés à lui par un lien de dépendance

15. Alek Felstiner, « Working the Crowd », *The Berkeley Journal of Employment & Labor Law*, n° 32, 2011, p. 143-203.
16. Claude Didry, *L'Institution du travail. Droit et salariat dans l'histoire*, Paris, La Dispute, 2016.

économique[17]. À ce sujet, Marx disait que le capital non seulement réunit de plus en plus de travailleurs dans des fabriques, mais qu'il met aussi en mouvement par des « fils invisibles » une armée de travailleuses – ce sont surtout des femmes – à domicile, dispersées et presque sans lien entre elles[18].

Les parallèles entre le tâcheronnat et le travail réalisé pour les plateformes numériques – comme celui des livreurs Deliveroo ou des chauffeurs Uber – sont évidents. Comme au XIXe siècle, dans l'économie numérique, un contrat (formel ou informel) est conclu avec un acheteur/consommateur ayant pour objet un travail[19], sauf qu'ici, le preneur d'ouvrage a la forme d'une plateforme numérique. Le travail est accompli à la tâche et il n'y a aucune promesse de réembauche une fois celle-ci effectuée. De même, dans l'économie numérique, les travailleurs sont aussi obligés de fournir leurs propres outils de travail (vélos, voitures, smartphones, ordinateurs, etc.). Ils sont payés à la tâche. Et ils peuvent du jour au lendemain, sans savoir pourquoi, être exclus de la plateforme, notamment suite à une mauvaise note d'un client ou pour s'être organisés dans des syndicats. Des formes de sous-traitance à des travailleurs « indépendants » ont continué à exister tout au long du XXe siècle

---

17. Claude Didry, « Du louage d'ouvrage au contrat de travail, une autre histoire du salariat », *Droit ouvrier*, 2019, n° 854, p. 1-8.
18. Karl Marx, *Le Capital. Livre 1*, trad. fr. J.-P. Lefevbre, Paris, Puf, 2009, p. 518.
19. Valerio De Stefano, « The rise of the "just-in-time workforce" », art. cité.

dans des industries non digitales telles que la pêche, l'exploitation forestière, la coiffure, le nettoyage ou la maintenance[20].

Les nouveaux prolétaires du numérique sont engagés dans une lutte pour l'accès à de meilleures conditions de travail. Si l'une des caractéristiques du capitalisme de plateforme est d'invisibiliser le travail qui le rend possible, les luttes de ces travailleurs contribuent à visibiliser leur condition. Dans le cas de Deliveroo ou Uber, les premières grèves et les premiers syndicats ont d'ores et déjà vu le jour[21]. Même les micro-travailleurs, dispersés aux quatre coins du monde, pratiquement sans liens entre eux, ont commencé à s'organiser. Le puissant syndicat allemand IG Metall a mis en place le site d'information « Fair Crowd Work » et un numéro d'appel afin de s'adresser aux micro-travailleurs[22]. Les micro-travailleurs de la plateforme Amazon Mechanical Truk (AMT) ont également cherché à s'organiser. Tout d'abord dans des forums, tels que TurkerNation et MTurkGrind, afin de partager des bons plans, des informations sur leur employeur, d'échanger sur des problèmes, mais également de lever des fonds pour des collègues qui en avaient besoin. Ces forums, qui évoquent les sociétés de secours mutuel des travailleurs au début du XIXe siècle, ont abouti à la création de

20. Jim Stanford, « The resurgence of gig work: Historical and theoretical perspectives », *The Economic and Labour Relations Review*, vol. 28/3, 2017, p. 382-401.
21. Callum Cant, *Riding for Deliveroo*, *op. cit.*
22. Voir le site Faircrowd.work.

We Are Dynamo, un proto-syndicat virtuel[23]. Dynamo a notamment permis de mener une campagne d'envoi de lettres à Jeff Bezos, fondateur d'Amazon, afin d'attirer son attention sur la situation des micro-travailleurs d'AMT. Cependant, le géant Amazon a très vite supprimé We are Dynamo, qui était hébergé sur les serveurs d'AMT. La suppression de Dynamo a poussé plusieurs micro-travailleurs à continuer leur expérience d'auto-organisation en créant une nouvelle plateforme coopérative, Daemo, où les rémunérations sont plus élevées que chez AMT et où les règles de fonctionnement sont plus transparentes[24]. Conflits, syndicalisation, auto-organisation, autogestion : on retrouve les formes fordistes classiques des conflits du travail. Les travailleurs de plateforme sont donc des « salariés » dans le sens où ils sont rémunérés par le capital, même s'ils n'ont pas de contrat de travail à proprement parler.

Une des sources de ces conflits est le statut des travailleurs des plateformes. Cette question oppose au moins trois camps : les plateformes, qui souhaitent entretenir un *statu quo* caractérisé par un flou qui leur est favorable, afin d'éviter d'avoir à payer les coûts associés au statut de salarié ; les secteurs qui sont eux-mêmes ubérisés, qui voient dans l'apparition de plateformes numériques une concurrence déloyale dans la dérégulation de leur métier (comme les chauffeurs de taxi face

23. Salehi Niloufar *et al.*, « We Are Dynamo: Overcoming Stalling and Friction in Collective Action for Crowd Workers », Conference: the 33rd Annual ACM Conference, 2015.

24. « Amazon's Turker Crowd Has Had Enough », *Wired*, 23 août 2017.

à Uber) ; et les travailleurs eux-mêmes, qui luttent pour de meilleures conditions de travail et de rémunération. Il faudrait ajouter l'État à cette équation, qui, selon le pays, juge en faveur des plateformes ou des travailleurs[25]. Ces débats de juristes ou d'experts ne prennent souvent pas en compte un fait essentiel : « salarié », « employeur » ou « auto-emploi » sont avant tout des catégories juridiques, économiques et politiques. Autrement dit, elles n'existent pas en soi. Leur sens est le produit du rapport de force entre ces différents groupes[26]. Se focaliser exclusivement sur l'aspect juridique de cette affaire est donc infondé, dans la mesure où l'histoire du droit du travail est celle de conflits entre des travailleurs et différentes entreprises afin que soit reconnu un lien de subordination.

Le travail gratuit fait-il la richesse du capitalisme de plateforme ?

Le capitalisme de plateforme repose donc sur l'exploitation de livreurs, de conducteurs, de femmes de ménage, etc. Mais qu'en est-il des usagers ? Une manière très en vogue de parler de l'émergence du capitalisme de plateforme suggère que derrière la richesse des plateformes se trouvent les données numériques produites par l'activité de leurs usagers. La production de ces données relève de ce que de nombreux théoriciens

25. Ulysse Lojkine, « Cartographier la géopolitique des plateformes », *Le Grand Continent*, 19 février 2020.
26. Nicola Countouris et Valerio de Stefano, *New Trade Union Strategies for New Forms of Employment*, Bruxelles, ETUC, 2019.

appellent le *digital labor*, le travail numérique. Dans un article séminal publié en 2000, Tiziana Terranova affirme que les usagers d'Internet fournissent un travail gratuit essentiel au développement économique des entreprises du Web. Ce travail consiste en la production et la modification de logiciels, la participation à des listes mail et à des forums[27]. En quelque sorte, leur participation gratuite à ces différentes tâches contribue à maintenir en vie et à entretenir les sites, ce dont profitent les entreprises du numérique. Cette vision initiale du *digital labor* a ensuite été étendue à toutes les interactions quotidiennes médiatisées par les nouvelles technologies de l'information et de la communication. Selon les tenants de cette vision étendue, chaque publication, chaque photo, chaque saisie, voire chaque connexion est un travail qui produirait des données ensuite captées et valorisées par les plateformes numériques[28]. L'intérêt de la notion de *digital labor* est qu'elle permet de battre en brèche l'idée qu'Internet se serait développé de manière altruiste autour de logiques de don et de contre-don. Elle permet de souligner qu'au contraire, ce sont les intérêts du capital qui guident le fonctionnement des sites Web, des réseaux sociaux et des nouvelles technologies d'Internet.

La notion de « travail numérique » questionne également les frontières du travail. Il est difficile de faire la

---

27. Tiziana Terranova, « Free Labor: Producing Culture for the Digital Economy », *Social Text*, n° 63, vol. 18/2, 2000, p. 33-58.
28. Dominique Cardon et Antonio A. Casilli, *Qu'est-ce que le Digital labor ?*, Bry-sur-Marne, Ina, 2015.

distinction entre le moment où des usagers profitent de services gratuits sur Internet qu'ils considèrent comme des loisirs et le moment où ils alimentent et améliorent ces mêmes services avec leurs données. Car tout en consommant des contenus sur le Web, les usagers d'Internet en sont aussi, en quelque sorte, les producteurs. Dans l'économie numérique, la distinction entre, d'une part, travail et vie privée et, d'autre part, travail et loisir, n'aurait donc plus cours. Demander la baisse du temps de travail salarié n'aurait plus de sens, car cela impliquerait une augmentation du temps de travail numérique non rémunéré[29]. Certains théoriciens du *digital labor* vont jusqu'à revendiquer une rémunération pour ce travail de production de données numériques[30].

Étudier le travail dans l'économie numérique depuis la perspective que représente la sociologie du travail invite à regarder ces questions très différemment. Deux sortes de critiques peuvent être adressées aux théories du *digital labor*. Les premières concernent le qualificatif de « travail ». Tout d'abord, la notion de *digital labor* recouvre des réalités trop distinctes. Est-ce la même chose de produire des contenus numériques, comme peut le faire un blogueur de *Mediapart* ou un vidéaste pour YouTube, et de laisser des traces numériques du fait du simple usage de son smartphone ? Est-ce la même chose de produire des données numériques

29. Antonio Casilli, « Travail, technologies et conflictualités », in *ibid.*, p. 8-40.
30. Kylie Jarrett, « "Des salaires pour facebooker" : du féminisme à la cyber exploitation – entretien avec Kylie Jarrett », *Période*, 2018.

bénévolement ou sous un contrat de travail, avec ce que cela implique en termes de discipline et de contrôle sur l'activité ? De plus, si les interactions sociales sur Internet peuvent être assimilées à une forme de travail, où sont les contremaîtres ? Comment mesurer le temps de travail ? Le *digital labor* échappe aux dynamiques du travail sous le capitalisme : les « travailleurs numériques » ne sont pas soumis au pouvoir réglementaire, disciplinaire et de direction des entreprises du Web[31]. On peut aussi se demander s'il y a du travail là où il n'y a pas d'intentionnalité. Chez Marx, le travail humain est une activité consciente et intentionnelle, orientée vers un but. Dans le cas du *digital labor*, bien qu'il y ait des activités conscientes (utiliser des réseaux sociaux, une application, etc.), les traces numériques produites lors de ces activités ne sont pas le fruit conscient des internautes[32].

La deuxième série de critiques que l'on peut adresser aux théories du *digital labor* concerne l'économie numérique en tant que telle. Paradoxalement, la notion de *digital labor* minimise le rôle des plateformes numériques. Le « travail » des usagers d'Internet n'est pas une activité économique productrice de valeur en soi. La production de valeur par cette activité suppose une architecture économique et technique capable de capter les données numériques produites par les usagers

31. Nick Srnicek, *Capitalisme de plateforme*, *op. cit.*

32. Sébastien Broca, « Le *digital labour*, extension infinie ou fin du travail ? », *Tracés. Revue de sciences humaines*, n° 32, 18 mai 2017, en ligne.

et de leur accorder un sens et une valeur[33]. Enfin, il faut relativiser l'importance du *digital labor* dans l'économie numérique. L'essentiel des revenus d'entreprises comme Google ou Facebook ne provient pas du « travail numérique » gratuit ou rémunéré des usagers/producteurs, mais de la rente payée par les annonceurs. Aujourd'hui, les revenus provenant de la publicité de ces deux firmes représentent environ 90 % de leur chiffre d'affaires[34]. Les données produites ou laissées par les usagers d'Internet sont plutôt un moyen pour les entreprises du Web de réduire les coûts de circulation du capital en facilitant la publicité ciblée, ou en facilitant l'accès de certains produits à certains marchés.

Ces critiques n'ont pas pour but de balayer d'un revers de main les interrogations légitimes de ces théories et les apports de la notion de *digital labor*. Comme le montre Shoshana Zuboff, la question de la production et du contrôle des données numériques est centrale dans le capitalisme de surveillance[35]. De la même façon, l'idée qu'il puisse exister du « travail gratuit » invisibilisé dans la société fait partie des principaux combats du mouvement féministe, et constitue aujourd'hui un des objets de recherche les plus féconds en sociologie du travail.

33. Dominique Cardon, « Internet par gros temps », *in* Dominique Cardon et Antonio A. Casilli, *Qu'est-ce que le Digital labor ?*, *op. cit.*, p. 41-79.
34. Bruce Robinson, « With a Different Marx: Value and the Contradictions of Web 2.0 Capitalism », *The Information Society. An International Journal*, n° 31/1, 2014, p. 44-51.
35. Shoshana Zuboff, *L'Âge du capitalism de surveillance*, trad. fr. B. Formentelli et A.-S. Homassel, Paris, Zulma, 2020.

C'est la preuve qu'interroger les limites du travail et du non-travail est toujours pertinent et doit toujours être fait. Pourtant, à vouloir chercher du travail partout, on risque de dissoudre les spécificités du travail sous le capitalisme et de lui ôter son potentiel subversif.

L'ubérisation n'est probablement pas le futur du travail

Revenons au travail rémunéré par les plateformes. Celles-ci attirent beaucoup l'attention des médias, des politiques et des syndicalistes, en raison de leur nouveauté et des dangers qu'elles représentent pour le mouvement syndical. Pourtant, la nouveauté n'est pas là où l'on croit. En effet, on pense que l'ubérisation est un raz-de-marée qui risque de submerger l'ensemble de l'économie. Cependant, ce diagnostic est largement exagéré. Il est difficile d'estimer le nombre de personnes qui travaillent pour des plateformes numériques et, parmi ces travailleurs, ceux pour qui il s'agit d'un emploi principal. Certaines personnes s'inscrivent sur plusieurs plateformes de travail à la fois, ce qui complique la mesure. Un rapport de l'OCDE montre qu'il y a une multitude de manières de mesurer le nombre des travailleurs des plateformes et que la définition même de ces travailleurs change d'une étude à l'autre. Plusieurs facteurs entrent ici en jeu : l'inclusion des personnes qui n'échangent pas du travail contre de l'argent, mais un bien (comme c'est le cas des personnes qui louent un logement sur AirBnb), le fait d'en faire son activité principale, l'échelle temporelle de l'étude, etc. Ne serait-ce que pour les États-Unis, on trouve trois mesures différentes selon la méthode de comptage retenue, qui situent entre 1 % et 6 % la part de la population active concernée. En France, on estime que 7 % des actifs travaillent pour des plateformes numériques, mais c'est seulement sur la base de l'auto-emploi[36].

La faiblesse de ces chiffres peut étonner. Son explication n'a pourtant rien de surprenant. Plusieurs des géants du numérique qui se présentent pourtant comme l'avenir du capitalisme ne cessent de perdre de l'argent. En 2019, Deliveroo a perdu 365,45 millions d'euros, un tiers de plus que l'année précédente[37]. La même année, Uber a enregistré la plus grande perte de son histoire (il est intéressant de noter qu'une telle perte aurait provoqué la faillite de n'importe quel grand groupe industriel)[38]. Quant à Tesla, une autre entreprise de la Big Tech, elle a perdu 408 millions de dollars, malgré un volume de production de voitures record[39].

Surtout, le capitalisme de plateforme est plus une « fantaisie pro-marché » qu'un modèle économique viable. Le capitalisme qu'il met en place est peut-être *trop pur* : une simple transaction entre deux individus (un vendeur et un acheteur de services) à travers un

---

36. OECD, *Measuring Platform Mediated Workers*, OECD Digital Economy Papers, n° 282, 2019.

37. « Deliveroo's losses soared before its pandemic recovery », *Financial Times*, 21 décembre 2020.

38. « Uber lost $5.2 billion in 3 months. Here's where all that money went », *Business insider*, 9 août 2019.

39. « Tesla's still losing money despite a record quarter for deliveries », *The Verge*, 19 juillet 2019.

intermédiaire (la plateforme numérique), où l'offre et la demande déterminent la nature et l'intensité du travail accompli. En cela, l'économie de plateforme a une forte dimension rhétorique et apologétique. Or le modèle qu'elle met en avant se heurte aujourd'hui à trois types de limites : des limites économiques, des limites sociopolitiques et des limites liées au modèle même de la plateforme numérique[40].

D'un point de vue économique, le capitalisme de plateforme se trouve incapable de fidéliser la main-d'œuvre : les rémunérations sont trop faibles, ce qui fait que les travailleurs des plateformes en font souvent une activité d'appoint et non pas leur principale source de revenu. Il faut ajouter à cela un système autoritaire de gestion, où les travailleurs peuvent être radiés au moindre faux pas, ce qui rend ce travail peu attractif. D'un point de vue sociopolitique, les bas salaires et les mauvaises conditions de travail favorisent une « consommation anti-économique » de la main-d'œuvre (du point de vue de l'employeur), à l'image des ouvriers qui travaillaient jusqu'à l'épuisement dans les premières manufactures. Autrement dit, une main-d'œuvre surexploitée (qui préfère quitter un emploi trop peu rémunérateur et qui détruit sa santé) peut ne pas favoriser la réalisation de profits. En effet, le turnover fait que les travailleurs, peu familiarisés avec l'activité à réaliser, fournissent un travail d'une piètre qualité.

---

40. Peter Fleming, Carl Rhodes et Kyoung-Hee Yu, « On why Uber has not taken over the world », *Economy and Society*, n° 48/4, 2019, p. 488-509.

Pour finir, du point de vue organisationnel, le modèle d'entreprise de la plateforme numérique risque de se montrer peu viable. En ubérisant certains métiers régulés, les plateformes dégradent la qualité du service offert. Imaginons qu'un « Uber des médecins » soit mis en place dans le futur. Il sera certes moins cher de se procurer un tel « service », mais en contournant la qualification nécessaire pour exercer un tel métier, les personnes recevront un soin de moindre qualité. Ensuite, ce qui fait la force des plateformes, à savoir l'externalisation de la main-d'œuvre, pourrait s'avérer aussi un obstacle à leur efficacité économique. Les plateformes se trouvent dans la situation d'avoir recours à des travailleurs formellement indépendants, tout en voulant exercer sur eux le contrôle et la discipline habituellement associés au salariat. S'ensuit une double contradiction : non seulement l'exercice du pouvoir disciplinaire favorise la requalification de l'activité en contrat de travail, ce qui augmente le coût de la main-d'œuvre, mais aussi une gestion formelle de la main-d'œuvre telle qu'autorisée par des contrats de travail peut être économiquement plus profitable. Le comble de cette contradiction a été atteint pendant l'épidémie de Covid-19, lorsque l'entreprise Uber a quémandé auprès de l'État fédéral américain des aides pour financer le chômage partiel de ses « collaborateurs[41] ».

41. Uber, 23 mars 2020, en ligne à l'adresse : https://blogadmin.uberinternal.com/wp-content/uploads/2020/03/UberLetter.pdf

Il n'empêche, grâce à leur architecture économique et technologique, les plateformes numériques contribuent à la mise au travail de millions de travailleurs dans le monde, ceux que j'ai appelés les nouveaux prolétaires du numérique. Tous les jours, de plus en plus de personnes rejoignent leurs rangs. Et si l'étendue de l'économie numérique demeure encore relativement faible, le capitalisme de plateforme assume en revanche la fonction de laboratoire de l'exploitation capitaliste : toute avancée du capital sur ce terrain a des conséquences pour l'ensemble des travailleurs[42].

---

42. Jamie Woodcock et Mark Graham, *The Gig Economy*, *op. cit.*, p. 40.

Le travail du flux 4

Tout comme celle des plateformes numériques, l'émergence de géants de la logistique tels Amazon ou Alibaba dans l'économie mondiale questionne le futur du travail. L'immense fortune de Jeff Bezos, l'ancien patron d'Amazon qui est un des hommes les plus riches de la planète, a bénéficié d'une transformation majeure du capitalisme à laquelle ce dernier a lui-même contribué, la « révolution logistique », c'est-à-dire l'accélération de la circulation des marchandises à l'échelle internationale.

Lorsque vous achetez une marchandise sur Internet ou dans un magasin, vous vous engagez en effet immédiatement dans des rapports qui s'étendent à l'échelle mondiale. Par exemple, l'achat d'une paire de chaussures à Paris vous emmène sur les autoroutes de France, jusqu'à ses ports, en passant par des entrepôts et des centres de distribution dans les périphéries des grandes villes, puis dans des usines situées dans les pays du Sud, où est fabriquée une grande part des marchandises que nous consommons.

Les chaînes d'approvisionnement sont certes aussi vieilles que le commerce entre les individus. Mais c'est seulement depuis quelques décennies qu'elles ont pris leur forme contemporaine, s'organisant à l'échelle mondiale et permettant de faire circuler les biens à une vitesse jamais connue. Cette internationalisation des flux a donné naissance à ce que l'anthropologue Anna Tsing appelle un « capitalisme de chaîne d'approvisionnement[1] ». Dans la continuité du chapitre précédent, on peut comprendre cette logisticisation du capitalisme comme une tentative, pour le capital, de faire face aux crises de profitabilité et aux conflits du travail – tentative qui crée de nouvelles concentrations de travailleurs dans des « hubs » ou « clusters » logistiques, c'est-à-dire des lieux d'entrée et de sortie des marchandises sur un territoire.

Ce capitalisme logistique est une des principales sources de la création de nouveaux emplois ouvriers dans le monde. Comme je l'ai souligné, le travail ne disparaît donc pas. Au contraire, il se développe : derrière les vitrines présentées aux consommateurs, une partie de la chaîne logistique fonctionne en invisibilisant le travail qui met en lien l'usine et le consommateur. Depuis la fin des années 2000, l'essor d'entreprises de la logistique et les reportages successifs consacrés

1. Anna Tsing, « Supply Chains and the Human Condition », *Rethinking Marxism: A Journal of Economics, Culture & Society*, n° 21/2, 2009, p. 148-176.

aux conditions de travail dans les entrepôts ont nourri un intérêt politique et scientifique croissant pour ce secteur. À titre d'exemple, le reportage de *Cash investigation* du 26 septembre 2017, « Travail, ton univers impitoyable », a montré et dénoncé, images et entretiens à l'appui, les conditions de travail dans les entrepôts de Lidl. Pourtant, au même titre que le capitalisme de plateforme, une grande partie des discours sur la logistique entretient toujours une approche désincarnée de leur objet, alors que ce secteur concentre de plus en plus d'emplois ouvriers en France. En effet, les discours patronaux sur la logistique mettent l'accent sur la « fluidité » du capitalisme de la chaîne d'approvisionnement ou sur une économie « en réseaux ».

En raison de la place dominante qu'elles accordent à l'organisation technique de l'espace, ces analyses contribuent en dernière instance à invisibiliser le travail qui permet le mouvement des marchandises. Autrement dit, la fascination pour des infrastructures de plus en plus grandes et de plus en plus complexes – le travail mort – fait oublier le travail vivant toujours nécessaire à leur fonctionnement. D'un côté, le capitalisme logistique insiste sur la légèreté et la mobilité, de l'autre, il masque la « matérialité et la lourdeur des opérations d'entreposage et de manutention[2] ». Les discours managériaux sur le juste-à-temps et le « zéro stock » – c'est-à-dire l'idée selon laquelle les produits et les marchandises

2. Carlotta Benvegnù et David Gaborieau, « Produire le flux. L'entrepôt comme prolongement d'un monde industriel sous une forme logistique », *Savoir/Agir*, n°39/1, 2017, p. 66-72.

circuleraient de façon fluide, sans stocks et sans accrocs entre les différentes étapes du procès de production – y ont contribué[3].

L'épidémie de Covid-19 a néanmoins eu pour effet de rendre visible le monde ouvrier de la logistique. Depuis mars 2020, le commerce en ligne a connu une telle croissance, en raison des mesures de distanciation sociale et de la fermeture des boutiques et des magasins que, aux États-Unis seulement, Amazon a dû recruter, entre janvier et octobre 2020, plus de 427 000 nouveaux travailleurs, principalement des ouvriers pour les entrepôts[4]. À l'instar des formes contemporaines de l'automatisation et de la digitalisation décrites dans les chapitres précédents, il faut voir dans la logistique une extension du travail sous de nouvelles formes.

Enfin, si la plupart des études sur la logistique sont issues du monde académique anglophone, une nouvelle génération de chercheuses et de chercheurs en France s'est consacrée à le décrire et a produit des enquêtes très abouties. Étudiant le travail dans les entrepôts, le transport maritime, l'emploi et la qualification, le genre et les masculinités ouvrières, ou encore les nouvelles conflictualités qui peuvent émerger de ce salariat subalterne relativement jeune et peu qualifié, ces enquêtes montrent que le capitalisme logistique produit déjà ses

3. Carlotta Benvegù et David Gaborieau, « Les mondes logistiques.. De l'analyse globale des flux à l'analyse située des pratiques de travail et d'emploi », *Travail & Emploi*, 162, p. 5-22.

4. « Pushed by pandemic, Amazon goes on a hiring spree without equal », *The New York Times*, 27 novembre 2020.

propres fossoyeurs sous la forme des travailleurs de la logistique[5].

Le capitalisme de la chaîne d'approvisionnement

La logistique a toujours joué un rôle dans la gestion des flux commerciaux, militaires ou encore alimentaires, mais ce n'est que durant ces dernières décennies que le terme en est venu à désigner toute la chaîne d'approvisionnement et les fonctions associées (commande, transport, stockage, vente, livraison, etc.).

Il y a plusieurs raisons à cela. D'une part, la dynamique déjà décrite de désinvestissement et de relocalisation du capital a contribué à une internationalisation de la production. La logisticisation répond donc au besoin qu'a le capital d'intégrer un procès de travail éparpillé à l'échelle du monde. Cependant, traverser l'espace physique est coûteux. D'où l'investissement

5. Voir notamment Carlotta Benvegnù, *Nelle officine della circolazione. Un'etnografia del lavoro logistico tra il Grand Paris e la metropoli diffusa veneta*, thèse de doctorat, université Paris 8 Vincennes-Saint-Denis et Università degli studi di Padova, 2018 ; Claire Flécher, *Navigations humaines au gré du flux mondialisé. Le travail des marins de commerce sur les navires français de nos jours*, thèse de doctorat, université Paris-Nanterre, 2015 ; David Gaborieau, *Des usines à colis. Trajectoire ouvrière des entrepôts de la grande distribution*, thèse de doctorat, université Panthéon-Sorbonne, 2016 ; Haude Rivoal, *Les Hommes en bleu. Une ethnographie des masculinités dans une grande entreprise de distribution*, thèse de doctorat, université Paris 8 Vincennes-Saint-Denis, 2018 ; Lucas Tranchant, *Les Ouvriers du déplacement. Travail en entrepôt et recompositions du salariat populaire en France (1980-2018)*, thèse de doctorat, École normale supérieure-PSL, 2019.

du capital dans des innovations technologiques et organisationnelles afin de réduire le temps de circulation des marchandises et son coût. Car le capital ne fait pas que produire des marchandises, il doit également les déplacer. Pour cela, il construit des nouveaux moyens de circulation (ports, chemins de fer, autoroutes, etc.) toujours plus grands et performants. Il en résulte une réduction du temps de transport et de son coût qui permet à son tour de disperser l'activité toujours plus loin.

D'autre part, l'émergence de la logistique en tant que secteur d'activité à part entière est apparue aux entreprises comme un moyen de résoudre le problème de la surproduction. Avant cette dernière, des biens étaient systématiquement produits en trop et les entreprises se trouvaient dans l'incapacité de les vendre à des clients. Avec le principe du juste-à-temps, les entreprises cherchent à approvisionner les clients (qu'ils soient des particuliers ou d'autres entreprises) en une certaine quantité de biens aux caractéristiques précises, et au bon moment, évitant ainsi les risques de surproduction. Bien sûr, ces transformations n'auraient pas eu l'efficacité escomptée sans le travail de mise en valeur des activités logistiques réalisé par les logisticiens eux-mêmes. En un sens, « définir la logistique c'est prendre position, c'est déjà s'impliquer dans sa promotion[6] ». En effet, la logistique était auparavant un ensemble de fonctions

6. Yann Darré, « La fonction logistique dans l'entreprise », *Formation Emploi*, n° 39, 1992, p. 3-17.

dépréciées au sein des entreprises. Mais il a fallu intégrer différentes fonctions ou activités liées à la circulation de matières, la maîtrise de l'ensemble du processus permettant d'en réduire les coûts. De ce fait, de plus en plus d'activités ont été intégrées aux prérogatives de la « fonction logistique », ce qui lui a conféré une dimension stratégique. Ainsi, le logisticien est devenu le dépositaire d'un pouvoir énorme dans l'organigramme des entreprises.

C'est cet ensemble de changements advenus depuis les années 1980 qu'on a nommé la « révolution logistique[7] ». Celle-ci comporte quatre caractéristiques. Premièrement, la révolution logistique inverse les rapports entre production et vente, car la logistique se situe entre l'offre et la demande. Si la production était auparavant dominée par les longues séries de marchandises écoulées sur un marché en expansion, c'est désormais le marché qui dicte aux fabricants quoi, comment et en quelle quantité produire d'après ce qu'achètent les clients. Par exemple, dans la grande distribution, ce sont les grandes multinationales comme Carrefour ou Walmart qui contrôlent la chaîne logistique et qui dictent aux fabricants la nature de leur production.

Deuxièmement, la révolution logistique s'est accompagnée d'une transformation du système productif visant à rendre la production plus flexible et plus réactive aux changements qui ont lieu dans

7. Edna Bonacich et Jake B. Wilson, *Getting the Goods. Ports, Labor and the Logistics Revolution*, Ithaca, Cornell University Press, 2008.

le marché. L'introduction du toyotisme ou *lean management* dans les entreprises est allée dans ce sens. Ce modèle productif, qui se veut une alternative au fordisme, s'appuie sur la variété des modèles produits, la flexibilité des installations et la réduction permanente des coûts et du gaspillage dans le but de s'adapter plus facilement à la demande. Or, depuis que le toyotisme a été introduit dans des entreprises hors du Japon, ses effets néfastes pour les salariés n'ont cessé d'être dénoncés. Le plus souvent, ce modèle implique un « management par le stress » et des conditions de travail dégradées. Par exemple, à l'usine Toyota d'Onnaing, au nord de la France, où plus d'un tiers des employés ont subi des procédures de licenciement pour des raisons disciplinaires, les salariés et les syndicats dénoncent la mise en concurrence, la culpabilisation de ceux qui ne réussissent pas à atteindre les objectifs fixés, les heures supplémentaires obligatoires et systématiques, etc[8]. Et il ne s'agit là que de la production de voitures. Lorsque le *lean management* est appliqué dans les hôpitaux, ses conséquences peuvent être littéralement mortelles.

Troisièmement, l'allongement des chaînes d'approvisionnement nécessite une logistique plus efficiente et une meilleure traçabilité des marchandises, d'où l'invention de moyens de transports nouveaux comme le container ou la palette, ou encore de meilleurs systèmes

8. Tommaso Pardi, « Travailler chez Toyota : de l'emploi à vie à la course à la survie », *La Revue de l'Ires*, vol. 62, n° 3, 2009, p. 39-70.

de gestion comme le code-barres ou les progiciels de gestion d'entrepôts, qui permettent que des marchandises produites et expédiées en un point quelconque du globe puissent être facilement identifiées et déchargées à l'autre bout du monde. Les différents segments de ces immenses chaînes d'approvisionnement peuvent difficilement être pensés séparément, ils constituent tous du « travail de déplacement[9] ». D'où l'essor, à partir des années 1980, de l'intermodalisme – terme qui désigne la capacité de lier différents segments de la chaîne d'approvisionnement, par exemple grâce aux conteneurs. Ces derniers peuvent être déplacés des bateaux directement sur des camions ou sur des rails, ce qui a considérablement simplifié la circulation de marchandises, dans la mesure où un transporteur peut désormais prendre en charge l'ensemble des segments de la chaîne, de l'usine à l'étranger jusqu'à l'entreposage.

Enfin, quatrièmement, la révolution logistique s'est accompagnée d'une dégradation des conditions de travail et d'emploi des travailleurs des secteurs manufacturier et de la logistique. Le travail sur le mode du « juste-à-temps » nécessite davantage de flexibilité, ce qui favorise le recours à des contrats courts et aux horaires flexibles. Le fort turnover dans la main-d'œuvre qui en résulte empêche souvent les syndicats de s'implanter dans les entreprises concernées. De plus, la facilité avec laquelle le capital peut se déplacer d'un pays à un autre établit un rapport de forces défavorable aux

9. Lucas Tranchant, *Les Ouvriers du déplacement*, *op. cit.*

travailleurs. La présence de *sweatshops* dans les pays du Sud ne résulte donc pas seulement des conditions de travail et d'emploi qui y préexistent, mais aussi de la concurrence qui sévit sur le marché et de la délocalisation de la production. Ces transformations n'auraient pas été possibles sans les accords de libre commerce et de libre-échange de l'ère néolibérale. En effet, une marchandise ne peut pas circuler « librement » si son mouvement est entravé par des barrières douanières à chaque port ou à chaque frontière.

La révolution logistique a des effets paradoxaux sur la circulation des marchandises. Si les chaînes d'approvisionnement sont devenues de plus en plus longues, elles sont aussi devenues de plus en plus fragiles parce qu'elles dépendent d'un nombre de fournisseurs en moyenne toujours plus faible. La circulation des marchandises est certes de plus en plus rapide, mais cette fluidité reste un principe, sinon un « fantasme productif[10] ». En effet, même si l'insistance sur le « flux tendu » a des effets bien réels sur l'organisation du travail et la santé des salariés, il ne faut pas prendre le discours patronal pour argent comptant, ni se laisser leurrer par ses effets d'annonce. Si l'on prend l'exemple de la filière automobile aux États-Unis, on constate que le nombre de fournisseurs des grands constructeurs a baissé d'à peu près un millier à six cents en vingt ans. Cela veut dire que la disruption d'un segment de la chaîne implique l'interruption

---

10. Moritz Altenreid, 2016, « Le container et l'algorithme : la logistique dans le capitalisme global », *Période*, en ligne.

de celle-ci dans son ensemble[11]. De la même façon, la croissance continue du commerce mondial a pu contribuer à de véritables embouteillages dans les ports. Le 11 octobre 2004, 94 bateaux faisaient la queue pour décharger leur marchandise dans le port de Los Angeles/Long Beach. Ceci s'est répercuté ensuite sur le fret ferroviaire et sur le transport routier. Des conducteurs de camion ont refusé de transporter des marchandises en raison d'un temps d'attente trop long et non rémunéré[12].

La pandémie mondiale de Covid-19 a encore une fois montré que la logistique est à la fois un secteur stratégique du capitalisme contemporain et son talon d'Achille. La fermeture des frontières, la rupture de la chaîne d'approvisionnement et la modification des habitudes de consommation des ménages ont affecté le secteur logistique, qui a vu son chiffre d'affaires baisser. La pénurie des composants électroniques, début 2021, en est un parfait exemple. La crise sanitaire a provoqué une augmentation de la vente de matériel électronique (ordinateurs, smartphones, etc.) en raison du télétravail. Cette dynamique s'est poursuivie avec la reprise de la production et de la vente d'automobiles, lesquelles intègrent de plus en plus de semi-conducteurs. Mais dans un contexte où le marché mondial demeure très dépendant des usines de l'Asie du Sud-Est où sont

11. Kim Moody, *On New Terrain. How Capital is Reshaping the Battleground of Class War,* Chicago, Haymarket Books, 2020, p. 65.
12. Edna Bonacich et Jake B. Wilson, *Getting the Goods*, *op. cit.*, p. 119-121.

fabriqués majoritairement ces semi-conducteurs, cela a conduit à un très large dépassement de l'offre par la demande. Si bien que plusieurs sites de fabrication de véhicules se sont trouvés mis à l'arrêt et qu'une pénurie s'est installée sur la longue durée. Autrement dit, la fragilité des chaînes d'approvisionnement n'est pas qu'un épiphénomène, elle a une dimension structurelle. Comme nous le verrons plus loin, cette fragilité peut être un levier d'action pour les travailleurs du flux.

La logistique, une industrie comme les autres ?

En s'autonomisant, la « fonction logistique » des entreprises est devenue au fil des années une dimension centrale du capitalisme. La sous-traitance des activités « à faible valeur ajoutée », la maîtrise des délais de livraison et la baisse des coûts en sont les maîtres-mots. On a aussi vu naître dans les écoles de commerce et dans les écoles d'ingénieur des filières de « *supply chain management* » dont le but est de réfléchir aux moyens d'améliorer la logistique interne et externe des entreprises, c'est-à-dire à mettre l'ensemble du procès de travail sous la pression du marché. La révolution logistique a également eu pour effet que les entreprises ne conçoivent plus le transport et la livraison des marchandises comme un moment secondaire ou résiduel de l'activité, mais comme un moment autonome, nécessitant l'embauche d'ingénieurs, de techniciens et d'ouvriers spécialisés.

Le travail de valorisation de la fonction logistique a contribué à modifier les termes à partir desquels on désigne les activités logistiques elles-mêmes. La

« manutention » et le « stockage » sont devenus des activités « logistiques », tandis que l'« entrepôt », lieu où les marchandises sont inertes, est devenu peu à peu la « plateforme logistique », lieu par défaut de transit des marchandises[13]. Ainsi, la logistique a peu à peu cessé d'être cantonnée à la gestion du coût de la distribution des marchandises finies, c'est-à-dire le dernier segment de la chaîne d'approvisionnement, pour devenir la science de la gestion du procès de production dans son ensemble.

Ces transformations interrogent la nature du procès de production sous le capitalisme : où commence et où finit-il ? À la sortie de l'usine, au magasin ou chez le client ? Qui sont les travailleurs de la logistique et quels effets la chaîne logistique a-t-elle sur les conditions de travail dans ses différents segments ? Alors que la production de marchandises évoquait autrefois l'image d'instants fragmentés et de gestes saccadés, un « travail en miettes », la production moderne vise davantage la continuité et la linéarité. En faisant « entrer le marché » dans les entreprises, le flux de marchandises est devenu un organisateur du travail : c'est le marché qui dicte quand, comment et en quelle quantité produire. La fluidité est même parfois présentée comme « le principe de base de toute organisation industrielle[14] » moderne et, plus généralement, de l'organisation économique de la société.

---

13. Haude Rivoal, *Les Hommes en bleu*, these citée, p. 467.
14. François Vatin, *La Fluidité industrielle. Essai sur la théorie de la production et le devenir du travail*, Paris, Klincksieck, 1987.

La révolution logistique a modifié radicalement les frontières de l'entreprise, y compris la localisation géographique des activités. Les usines sont désormais éclatées sur tout un territoire[15]. Pour cette raison, les frontières entre production et circulation, ou entre fabrication et transport, sont de plus en plus floues. Dans la tradition fordiste, la production était localisée à un seul endroit. Cela prenait la forme d'une *quadruple identité dans le processus de travail* : identité de temps, d'espace, de type de marchandise produite et, bien sûr, de capitaliste. Le coût du transport était faible, se limitant au transport 1/ des pièces d'une partie de l'usine à une autre et 2/ de la production une fois celle-ci réalisée.

Aujourd'hui, on compte de moins en moins d'usines intégrées en Europe, c'est-à-dire d'usines qui rassemblent l'intégralité du procès de travail. Le travail qui autrefois était accompli en amont ou en aval du procès de travail, tel que la préparation, le contrôle de la qualité ou l'emballage (et parfois même certaines tâches de préfabrication ou de pré-assemblage), a été externalisé à des entrepôts et à des centres de distribution, créant des milliers de nouveaux emplois tout au long de la chaîne d'approvisionnement en y étalant la production. Cet étalage de la production à l'échelle d'une

---

15. Deborah Cowen, *The Deadly Life of Logistics. Mapping Violence in Global Trade*, Londres/Minneapolis, University of Minnesota Press, 2014, p. 103.

région ou du monde entier signifie que la chaîne d'approvisionnement est devenue l'usine elle-même[16].

La logistique a donc un rôle bien particulier, celui de coordonner les différents segments de la chaîne d'approvisionnement. Pour autant, certaines de ses caractéristiques la rapprochent d'autres secteurs de l'économie, et tout particulièrement de l'industrie. C'est une activité très intensive en travail, c'est-à-dire qu'elle emploie un grand nombre de travailleurs manuels, ce qui entraîne de constantes restructurations et rationalisations. Par exemple, l'invention du container et sa mise en usage dans le transport maritime à partir des années 1950 a contribué à la suppression de dizaines de milliers d'emplois dans les ports du monde entier. Le container a également forcé les ports et les chemins de fer à s'adapter aux nouveaux standards du commerce mondial, ce qui a par la suite permis la construction de porte-conteneurs de plus en plus grands et la modernisation des ports : si la décharge des anciens navires pouvait durer une semaine, celle d'un porte-container ne prend qu'une à deux journées[17]. De plus, l'introduction du *lean management* dans la logistique a contribué – avec la réduction des coûts et des stocks, l'accroissement de la réactivité de la chaîne d'approvisionnement et la plus grande transparence de l'ensemble de la distribution

16. Nicholas Hildyard, *Corridors as Factories: Supply Chains, Logistics and Labour. Is This the World We Want?*, Counter Balance, 2020.
17. Edna Bonacich et Jake B. Wilson, *Getting the Goods*, *op. cit.*, p. 54.

– à intensifier le travail, rapprochant les conditions de travail qui y prévalent de celles observables dans l'industrie manufacturière[18].

Enfin, les années 2010 ont été marquées par l'apparition de robots dans les entrepôts[19]. L'introduction des robots H:Drive dans les entrepôts d'Amazon, conçus par sa filiale Amazon Robotics, été annoncée en grande pompe. Ils remplissent une fonction similaire aux AGV présents dans l'industrie automobile décrits au chapitre 1 : ils déplacent les étagères contenant les colis de la zone de stockage vers des postes de préparateur. Cependant, la logistique est un secteur où les marges sont faibles, en raison de la concurrence acharnée qui y sévit. Les entreprises qui y évoluent hésitent par conséquent à investir massivement dans des robots trop coûteux et à tout automatiser. Elles s'appuient donc toujours sur une vaste main-d'œuvre peu qualifiée et mal rémunérée qui peut accomplir le travail tout aussi bien que les robots. Les défenseurs enthousiastes d'entrepôts complètement automatisés risquent donc d'attendre encore longtemps avant de voir leurs rêves devenir réalité. Au contraire, lorsque de nouvelles technologies sont introduites, plutôt que de détruire des emplois ou d'améliorer les conditions de travail en soulageant les

18. Christopher Wright et John Lund, « Variations on a lean theme: work restructuring in retail distribution », *New Technology, Work and Employment*, vol. 21-1, 2006, p. 59-74.
19. « Welcome to the automated warehouse of the future. How British supermarket Ocado is using robots to make online grocery shopping faster », *The Verge*, 8 mai 2018.

travailleurs, elles produisent les effets décrits plus haut à propos d'autres industries : intensification du travail et déqualification de la main-d'œuvre[20].

Les travailleurs du flux

La révolution logistique a produit une concentration inédite de main-d'œuvre dans des « clusters » logistiques. Ces derniers accueillent désormais des milliers de travailleurs, à l'image des grandes usines d'autrefois. Mais qui sont les travailleurs de la logistique ? Combien sont-ils ? Et en quoi consiste leur travail ? La logistique englobe des activités très variées, mais qui sont néanmoins liées. Alors que les regards sont presque exclusivement tournés vers les entrepôts et les plateformes logistiques, il ne faut pas oublier que la logistique concerne toutes les activités de la chaîne d'approvisionnement à l'échelle mondiale : le transport maritime, le transport terrestre, l'entreposage et la distribution.

Les entrepôts et les plateformes de distribution se trouvent à la fin de la chaîne d'approvisionnement. Ils méritent qu'on s'y attarde, dans la mesure où ils se sont multipliés ces dernières années avec l'apparition de « parcs logistiques » aux périphéries de grandes villes, tout particulièrement dans d'anciennes zones industrielles[21]. Rien qu'en Île-de-France, 8 800 établissements

---

20. Beth Gutelius et Nik Theodore, *The Future of Warehouse Work: Technological Change in the U.S. Logistics Industry*, Berkeley, UC Berkeley Labor Center, octobre 2019.

21. Clément Barbier, Cécile Cuny et Nicolas Raimbault, « The production of logistics places in France and Germany: a comparison between

du secteur de la logistique réunissent 190 000 salariés, hors intérimaires. Ces emplois, pour la plupart manuels, sont fortement concentrés dans certaines communes, comme à Sénart[22]. Aux États-Unis, le nombre d'entrepôts logistiques a lui aussi connu une véritable explosion : leur nombre a augmenté de 250 % entre 1998 et 2017[23].

Situés souvent sur des axes routiers, ces établissements ressemblent à d'immenses boxes en tôle, dont les quais de livraison semblent être la seule ouverture. On ne les voit jamais de l'intérieur, et peu de gens savent ce qui s'y passe, hormis ceux qui y travaillent. En principe, un entrepôt et une plateforme logistique sont deux choses différentes. Certains diraient même que l'un est l'inverse de l'autre. Les entrepôts sont des lieux de stockage, où des marchandises inertes attendent d'être progressivement écoulées une fois la commande passée. Les plateformes logistiques, elles, sont censées se consacrer au *cross docking*, système qui permet aux plateformes logistiques d'accueillir, d'identifier et de trier des marchandises provenant de divers fournisseurs afin qu'elles puissent être réexpédiées sans avoir été stockées, ou presque. Cependant, contrairement à ce que suggère l'idée d'un flux tendu et d'une circulation

---

Paris, Frankfurt-am-Main and Kassel », *Work Organisation, Labour & Globalisation*, vol. 13, n° 1, 2019, p. 30-46.

22. Laure Omont, François Graille et Cyril Saugnac, « 375 000 emplois salariés dans la logistique en Île-de-France », *INSEE Analyses*, n° 13, février 2015.

23. Kim Moody, « Labour and the contradictory logic of logistics », *Work Organisation, Labour & Globalisation*, vol. 13, n° 1, 2019, p. 79-95.

harmonieuse des marchandises, les deux fonctions – entreposage, d'une part, et accueil, tri et expédition, de l'autre – se trouvent fréquemment mélangées au sein d'un même établissement. Souvent, le stock est transféré des magasins vers les entrepôts pour permettre aux premiers un gain de temps, d'espace et de main-d'œuvre. En attendant d'être expédiées dans les magasins, les marchandises peuvent donc être stockées pendant plusieurs semaines dans les entrepôts.

Le travail dans ces établissements commence lorsqu'un camion livre les marchandises sur le quai de l'entrepôt[24]. Un ouvrier réceptionniste les décharge, soit à l'aide d'un transpalette, soit à l'aide d'un chariot élévateur. Les marchandises sont scannées afin d'être intégrées à un inventaire informatique des produits. Un cariste se charge ensuite de regrouper les palettes de marchandises ou de les ranger dans des étagères. Il scanne une nouvelle fois l'étiquette de la palette, ainsi que celle de son emplacement, afin de pouvoir la localiser dans le futur. Lorsqu'une commande est passée, des ouvriers sont chargés de la préparer. Les méthodes de préparation des commandes sont variées et peuvent être plus ou moins automatisées, mais restent très physiques. Dans la plupart des cas, le préparateur est informé par sa hiérarchie ou par un logiciel de la nature de la commande et du nombre de marchandises à livrer. Il doit regrouper les commandes et de les déposer sur un quai afin qu'elles

---

24. Je m'appuie ici sur les descriptions du travail dans les entrepôts faites par Lucas Tranchant (*Les Ouvriers du déplacement*, *op. cit.*, p. 109-111 et p. 305) et David Gaborieau (*Des usines à colis*, *op. cit.*, p. 52-61).

soient chargées sur des camions pour être expédiées. Les palettes sont contrôlées une dernière fois sur les quais avant l'expédition. D'autres activités peuvent intervenir entre la réception et l'expédition, telles que le conditionnement, le contrôle qualité, voire, dans certains cas, quelques tâches d'assemblage.

Les conditions de travail dans les entrepôts sont proches de celles en vigueur dans l'industrie manufacturière. Les vieux préceptes tayloriens de division du travail, de déqualification et de contrôle des gestes des salariés par l'encadrement ou par des dispositifs techniques y prévalent encore. S'il n'y a pas de chaîne au sens propre (bien que ce soit de plus en plus le cas avec l'automatisation de certains postes, notamment dans le secteur de la messagerie), le travail y est contraint par des normes de productivité à respecter. Et lorsque la surveillance n'est pas suffisante, ce sont les bas salaires et le système de primes qui garantissent la mise au travail. En cela, ces entrepôts sont de véritables « usines à colis[25] » au sein desquelles les conditions de travail ne diffèrent fondamentalement en rien de celles qui caractérisent les ateliers de fabrication. En termes d'accidentologie, le secteur de la logistique dépasse même le BTP, où les maladies professionnelles sont pourtant très nombreuses et handicapantes[26]. Les entrepôts sont des

25. David Gaborieau, *Des usines à colis*, *op. cit.*

26. David Gaborieau, « Travailler sous commande vocale dans les entrepôts de la grande distribution », *in* A. Thébaud-Mony (dir.), *Les Risques du travail. Pour ne pas perdre sa vie à la gagner*, Paris, La Découverte, 2015, p. 219-222.

lieux où l'on trouve principalement du travail d'exécution, et où la très grande majorité des salariés sont des hommes (80 %) et des ouvriers non qualifiés. J'ai évoqué plus haut l'usage de la commande vocale, ou *pick-to-voice*, sur certains sites. Cet exemple illustre parfaitement ce nouveau type de travail salarié peu qualifié, soumis à des contraintes techniques. La principale différence entre l'atelier et l'entrepôt tient plutôt à la nature du travail accompli : ici, le travail consiste essentiellement en un ensemble de gestes de déplacement.

Les ouvriers de la logistique sont devenus une véritable armée industrielle, même s'il est difficile d'avoir une estimation précise de leur nombre. La notion d'« ouvrier de la logistique » ne correspond à aucune catégorie de la statistique publique en France. Dans les classifications de l'Insee, ils sont rangés dans la catégorie « ouvriers », parmi les « ouvriers qualifiés de la manutention, du magasinage et du transport » et les « ouvriers non qualifiés de type industriel ». Plusieurs estimations se font donc concurrence, mais une estimation fiable affirme qu'en 2017, en France, le secteur logistique hors transport concentre près de 990 000 emplois, dont 790 000 emplois ouvriers. L'évolution sur le temps long est frappante, car ils n'étaient que 683 000 en 1982[27]. À titre de comparaison, les ouvriers de la filière automobile, bastion industriel et syndical en France, ne sont plus que 190 000.

27. Lucas Tranchant, *Les Ouvriers du déplacement*, *op. cit.*, p. 114.

Au-delà de ces chiffres, il faut retenir deux choses : il y a eu une forte augmentation des effectifs du secteur et il s'agit très majoritairement d'emplois ouvriers. On est bien loin de l'image d'un capitalisme où la circulation des marchandises se ferait d'elle-même. Il faut donc envisager le capitalisme de la chaîne d'approvisionnement non pas seulement comme une succession de modes de transport, mais aussi comme une succession de moments de travail. Il n'y a pas que l'entreprise et le client, mais toute une chaîne de travailleurs qui les unit[28]. L'idée que le travail ne disparaît pas mais se déplace vers de nouveaux secteurs est confirmée par l'émergence de conflits collectifs parmi ces nouveaux prolétaires.

Quand les travailleurs perturbent les chaînes d'approvisionnement

Les concentrations apparues en quelques années de centaines, voire de milliers d'ouvriers, travaillant dans de mauvaises conditions et avec peu de perspectives de carrière dans des clusters logistiques ont très vite provoqué des grèves et, plus généralement, des conflits dans le secteur. Le sociologue italien Alessandro Delfanti se demande si Amazon n'est pas devenu l'équivalent de ce que représentait Fiat dans les années 1960 en Italie[29]. Cette comparaison est lourde de conséquences. L'usine Fiat à Turin a été le lieu de plusieurs

---

28. Kim Moody, « Labour and the contradictory logic of logistics », art. cité.

29. Alessandro Delfanti, « Amazon Is The New Fiat », *Notes From Below*, 2018, en ligne.

grèves sauvages pendant l'« automne chaud » italien de 1969 qui a inauguré une décennie de conflits sociaux dans la péninsule. Pendant les années précédentes, l'usine avait connu un afflux massif de jeunes immigrés du sud de l'Italie vers le nord industriel. Ces jeunes ne connaissaient pas grand chose au travail à la chaîne et à la discipline industrielle. En même temps, les syndicats se sont trouvés incapables d'établir des rapports avec cette nouvelle main-d'œuvre. C'est ainsi que l'usine est devenue une poudrière prête à exploser.

De manière analogue, les centres de distribution d'Amazon connaissent un afflux massif de jeunes travailleurs, afflux renforcé par l'essor du commerce en ligne consécutif à l'épidémie de Covid-19. Comme les ouvriers italiens des années 1960, ils ont peu d'expérience – quand ils en ont une – des conditions de travail dans les entrepôts et n'ont aucun lien avec les syndicats. Pourtant, ils ont déjà été acteurs de plusieurs grèves aux États-Unis, en France, en Italie ou encore en Allemagne[30].

L'importance des luttes des travailleurs de la logistique comme acteurs de la contestation sociale commence seulement à être soulignée par des chercheurs et des militants[31]. Cela a été le cas au cours du mouvement des Gilets jaunes, où les travailleurs

---

30. Francesco Massimo, « A Struggle for Bodies and Souls: Amazon Management and Union Strategies in France and Italy », *in* J. Alimohamed-Wilson et E. Reese (dir.), *The Cost of Free Shipping. Amazon in the Global Economy*, Londres, Pluto Press, 2020, p. 129-144.

31. J. Alimohamed-Wilson et I. Ness (dir.), *Choke Points. Logistics Workers Disrupting the Global Supply Chain*, Londres, Pluto Press, 2018.

de la logistique se sont affirmés. Différents récits du 17 novembre 2018, jour qui marque le début du mouvement, constatent la présence de ces salariés sur les ronds-points[32]. En cela, le mouvement des gilets jaunes n'exprime pas l'action des « exclus du salariat » ou un conflit caractéristique de la société « postindustrielle », mais aussi et surtout la dégradation des conditions de travail dans les entreprises, dégradation dont la logistique est assez emblématique.

La puissance des conflits dans le secteur de la logistique tient au fait que ces travailleurs occupent des emplois dans des goulets d'étranglement de l'économie mondiale, c'est-à-dire dans des lieux qui correspondent à des points de passage stratégiques pour le capitalisme de la chaîne d'approvisionnement. En effet, la concentration de la main-d'œuvre dans des clusters logistiques accorde un levier d'action sans parallèle aux travailleurs de ce secteur. À cela, il faut ajouter que la logistique nécessite souvent de très importants investissements en capital fixe. Le monde connaît une multiplication de nouvelles « infrastructures logistiques extrêmes », telles que les méga-corridors – à l'image des Nouvelles Routes de la soie, projet qui vise à connecter l'Asie et l'Europe par des voies terrestres et maritimes[33]. Plus la production

---

32. C'est le cas de Benoît Coquard dans *Ceux qui restent. Faire sa vie dans les campagnes en déclin* (Paris, La Découverte, p. 25-43), ou de Loïc Bonin et de Pauline Liochon dans « Gilets Jaunes : des fractions de classes particulièrement mobilisées, comment l'expliquer ? » (*Lundi matin*, 23 septembre 2019).

33. Infrastructures interrégionales, voire intercontinentales, de transport qui doivent servir à connecter des lieux d'extraction, de manufacture

de matières premières et de biens manufacturés est fragmentée à l'échelle du globe, plus le capitalisme a besoin d'infrastructures adaptées à ces nouveaux besoins – autoroutes, chemins de fer, ports, aéroports, etc. Or à la différence des usines, les infrastructures logistiques peuvent difficilement être déplacées, et plus leur coût est élevé, plus ces infrastructures sont vulnérables à l'action collective des travailleurs.

On voit ainsi se développer une littérature managériale dans le domaine logistique consacrée à la gestion des « risques » (naturels, sanitaires, géopolitiques, sociaux)[34]. Déplacer des marchandises est potentiellement risqué, car les biens circulent entre des entreprises, des régions géographiques ou des pays. Dans des manuels de gestion, un tremblement de terre au Japon ou un ouragan au Mexique sont mis sur un pied d'égalité avec des grèves dans des ports en Chine : tous sont des facteurs susceptibles de perturber la chaîne d'approvisionnement. C'est-à-dire des facteurs exogènes qui peuvent empêcher des livraisons, provoquer des retards ou des destructions de marchandises[35]. Une usine n'est jamais à l'abri d'un incendie involontaire, ou une autoroute d'une inondation. Cependant, les grèves sont des disruptions intentionnelles de la

---

et de consommation. Voir Nicholas Hidyard et Xavier Sol, *How Infrastructure is Shaping the World. A Critical Introduction to Infrastructure Mega-Corridors*, Counter Balance, 2017, en ligne.

34. Kim Moody, « Labour and the contradictory logic of logistics », *Work Organisation, Labour & Globalisation*, vol. 13, nº 1, 2019, p. 79-95.

35. Donald Waters, *Supply Chain Risk Management. Vulnerability and Resilience in Logistics*, 2007, Kogan Page.

chaîne d'approvisionnement. Elles sont donc potentiellement plus dangereuses, surtout si elles ont lieu au bon moment, lorsque l'activité est le plus intense, et sur le bon segment (même si, parce qu'elles sont intentionnelles, les entreprises peuvent plus facilement les prévoir et donc les parer)[36]. De bons exemples sont les grèves chez Amazon lors du Black Friday[37] ou celles de cheminots au début des vacances de Noël.

Ainsi, le nord de l'Italie a connu une vague de grèves victorieuses dans le secteur logistique en 2011-2013[38]. Des centaines de travailleurs d'entrepôts, pour une grande part des migrants primo-arrivants, ont rejoint les conflits et ont adhéré massivement au syndicat d'extrême gauche SI Cobas. En même temps, les luttes dans le secteur logistique se sont développées aussi aux États-Unis, comme celles du premier mai, menées en pleine pandémie de Covid-19 dans l'entreprise Amazon[39]. Joe Allen, ancien travailleur d'UPS et auteur d'une histoire syndicale de l'entreprise, rappelle que les luttes dans le secteur de la distribution ne sont pas une

---

36. Yossi Sheffi, *The Resilient Enterprise. Overcoming Vulnerability for Competitive Advantage*, 2005, MIT Press.

37. « Amazon workers in 20 countries will strike or protest on Black Friday for better working conditions », *Business Insider*, 25 novembre 2021.

38. Carlota Benvegnù et Niccolò Cuppini, « Struggles and Grassroots Organizing in an Extended European Choke Point », *in* J. Alimohamed-Wilson et I. Ness (dir.), *Choke Points*, *op. cit.*, p. 230-242.

39. « Amazon, Instacart workers launch May Day strike to protest treatment during the coronavirus pandemic », *The Washington Post*, 1er mai 2020.

nouveauté[40]. Le transport maritime, le transport routier ou le rail ont été des bastions du mouvement ouvrier tout au long du XXe siècle. Marins, dockers, cheminots et routiers fonctionnent comme de véritables « corporations professionnelles » avec une longue et riche histoire syndicale et politique[41]. Encore aujourd'hui, ils sont à la tête des grèves et de mouvements interprofessionnels dans le monde entier, à l'image des dockers pendant les grèves de 2016 ou des cheminots pendant celles de l'hiver 2019-2020 en France.

Seulement, la révolution logistique a fait émerger des hubs logistiques gigantesques aux États-Unis, comme le Worldport d'UPS dans l'enceinte de l'aéroport de Louisville, qui emploie autour de 20 000 travailleurs. Face à l'explosion du nombre d'emplois dans le secteur logistique, à l'immense pouvoir placé entre les mains de ces travailleurs et à la fragmentation des différents segments de la chaîne d'approvisionnement, Allen défend le regroupement des travailleurs de ces différents segments, du port jusqu'à la livraison, en passant par le rail, la route et l'entrepôt au sein d'un seul syndicat. Quoi qu'il en soit, la logistique risque de devenir un secteur fondamental dans une recomposition du mouvement syndical.

---

40. Joe Allen, *Package King. A Rank-and-File History of UPS*, Chicago, Haymarket Books, 2020.

41. Voir par exemple Claire Flécher, « Les marins de commerce, des professionnels des flux internationaux très ancrés dans le national », *Critique internationale*, vol. 81, n° 4, 2018, p. 43-61, ou Christian Chevandier, *Cheminots en grève, ou la Construction d'une identité (1848-2001)*, Paris, Maisonneuve et Larose, 2002.

5

Quelle politique face à la « crise » du travail ?

J'ai montré dans les chapitres précédents que le travail conserve une centralité dans notre société, à la fois comme activité et comme facteur d'organisation sociale. Loin de disparaître, il se multiplie dans de nouveaux secteurs et prend de nouvelles formes. Les nouvelles technologies et les transformations socio-économiques du capitalisme déplacent ses frontières et le périmètre des populations qu'il concerne, tout en dégradant les conditions de travail du salariat stable. Ce dernier continue en outre d'être la norme pour une majorité d'actifs, même s'il est rongé sur ses marges par une armée de précaires et attaqué en son cœur par les réformes néolibérales du marché du travail.

Malgré cette étonnante continuité entre le capitalisme à l'ancienne et sa version contemporaine, certains ne cessent d'annoncer une « crise » du travail (les guillemets sont toujours de rigueur) et de proposer des « solutions » à celle-ci. Il faut rappeler que le travail n'est pas seulement un objet de discussions scientifiques : sa place centrale dans la société en fait un sujet éminemment politique. De la même façon que la révolution industrielle a été à l'origine de controverses sur l'avenir de la société, sur le rôle de l'État dans la régulation des relations de travail ou encore sur les nouvelles technologies, la nature des transformations contemporaines du travail suscite des débats tout aussi importants. Des propositions concrètes pour répondre à la « crise » du travail ont gagné en importance dans le débat public à la suite de la crise économique de 2008, puis de la crise sanitaire mondiale. Mais aucune ne me semble à la hauteur des enjeux.

On peut distinguer trois types de proposition. La première consiste à démarchandiser le travail, c'est-à-dire le protéger des lois du marché. Cette proposition met en avant tantôt la perspective d'un « grand remplacement technologique », tantôt celle d'une généralisation de la précarité, pour défendre l'idée que le travail devrait être décorrélé de toute participation à l'emploi et au salariat, ce qui revient souvent à défendre un revenu universel (ou, plus récemment, la garantie d'emploi[1]). La deuxième proposition se présente comme un appel à démocratiser le travail, c'est-à-dire à répartir et partager le pouvoir dans l'entreprise. Les salariés se trouveraient ainsi mis sur un pied d'égalité avec les employeurs et les actionnaires, ce qui leur permettrait de prendre part aux décisions concernant l'avenir du

1. Pavlina R. Tcherneva, *La Garantie d'emploi. L'arme sociale du Green New Deal*, trad. fr. Chr. Jaquet, Paris, La Découverte, 2021.

travail et la répartition des profits[2]. Enfin, selon la troisième orientation – plus marginale –, l'enjeu est de se libérer du travail en tant que tel. Il s'agit, dans cette optique, d'embrasser la « crise » du travail pour se débarrasser de celui-ci une bonne fois pour toutes.

Je veux montrer ici que toutes ces propositions souffrent du même écueil : elles restent prisonnières de l'horizon restreint que représente l'économie capitaliste, modèle où les entreprises appartiennent à une poignée d'individus, où la grande majorité est contrainte de vendre sa force de travail, et où l'accumulation des profits est la finalité principale de la production. Pour les uns, il s'agit d'envisager des mesures palliant les conséquences des transformations contemporaines du travail, pensant qu'il faudrait voter la « bonne réforme » pour remédier aux maux du capitalisme. Pour les autres, les mesures se limitent à des solutions individuelles, ce qui tend à dissoudre tous les sujets collectifs et ainsi à ôter toute dimension subversive au travail.

Je défends que la seule perspective viable face aux mutations contemporaines du capitalisme est de poursuivre deux objectifs inséparables : libérer la vie du travail et libérer le travail de la domination du capital.

Faut-il un revenu universel ?

Le revenu universel est présenté depuis plusieurs années comme une solution aux problèmes posés par les

---

2. Isabelle Ferreras, Julie Battilana et Dominique Méda, *Le Manifeste travail. Démocratiser, démarchandiser, dépolluer*, Paris, Le Seuil, 2020.

transformations du travail. Autrefois marginale, l'idée fait désormais partie de l'univers des possibles discutés aux deux extrémités du champ politique. Tant des néolibéraux que des anticapitalistes, des sociaux-démocrates que des nationalistes, défendent le revenu universel. Sa désignation (revenu universel, allocation universelle, revenu inconditionnel, etc.) et son contenu peuvent varier d'un auteur à un autre. Je m'intéresse ici à la définition qu'en donne le Basic Income Earth Network (BIEN), c'est-à-dire un revenu au-dessus du minimum vital accordé de manière périodique et inconditionnelle à tous les individus. Celui-ci est présenté comme une réponse tantôt à une éventuelle automatisation totale, tantôt à la disparition considérée comme inévitable du salariat. Par exemple, pour Martin Ford, futurologue et entrepreneur de la Silicon Valley déjà évoqué, le revenu universel est la meilleure solution envisageable face au problème posé par les nouvelles technologies de l'information et au risque d'un chômage technologique généralisé[3].

La défense par les théoriciens du précariat de la mise en place d'un revenu universel n'étonne pas non plus. Guy Standing est d'ailleurs l'un de ses principaux défenseurs, puisqu'il est l'un des cofondateurs du BIEN. Il en a soutenu l'idée dans *Le Précariat*, avant d'y revenir quelques années plus tard dans *A Precariat Charter*, puis

3. Martin Ford, *L'Avènement des machines. Robots & intelligence artificielle : la menace d'un avenir sans emploi*, trad. fr. F. Devesa et P. Adams, Paris, FYP éditions, 2017, p. 316.

d'y consacrer un ouvrage en 2017[4]. Pour lui, cette mesure est censée enrayer la progression de l'incertitude et de l'inégalité dans la société. Sous le capitalisme industriel, la distribution du revenu prenait la forme des salaires pour les travailleurs et des profits pour les employeurs. Pourtant, dans l'économie contemporaine, la croissance bénéficie presque exclusivement à ce qu'il appelle l'« élite » et le salariat, progressivement remplacé par le précariat. Nous serions donc désormais dans une période d'« insécurité chronique[5] ». La création d'emplois ne serait même plus un moyen pour résorber la pauvreté, car les emplois créés seraient eux aussi précaires et renforceraient l'insécurité économique. Enfin, les réformes des aides sociales auraient contribué à aggraver la situation du salariat, supprimant des aides précieuses pour les plus pauvres. C'est pourquoi, selon Standing, le revenu universel serait devenu essentiel pour garantir un certain degré de sécurité économique.

Parmi ceux qui commencent à défendre le revenu universel, on trouve aussi des théoriciens marxistes ou postmarxistes qui pensent que l'automatisation dessine un futur sans travail[6]. Selon ces derniers, le chômage technologique dégagerait beaucoup de temps libre. Or il s'agit là d'un temps dont personne ne pourrait vraiment profiter en raison de l'absence de revenus. Le

4. Guy Standing, *Basic Income: And How We Can Make It Happen*, Londres, Penguin Books, 2017.

5. *Ibid.*, p. 88.

6. Nick Srnicek et Alex Williams, *Inventing the Future. Postcapitalism and a Future Without Work*, Londres/New York, Verso Books, 2016.

revenu universel permettrait de résoudre ce problème. Il serait financé par des impôts très élevés sur les activités des ingénieurs et des informaticiens des entreprises de la Big Tech, les seuls qui continueraient à « travailler ». Le revenu universel changerait aussi le rapport de force entre capital et travail en faveur de ce dernier, car les travailleurs seraient moins dépendants des employeurs pour leur subsistance. Ils ne seraient plus contraints de vendre leur force de travail contre un salaire, ils pourraient choisir quel travail ils veulent réaliser (chose impossible aujourd'hui) et les employeurs seraient obligés d'améliorer les conditions de travail dans les métiers les plus pénibles. Grâce au revenu universel, le travail sortirait du « royaume de la nécessité » dont parle Marx et deviendrait ce qu'il n'a jamais été, une activité volontaire.

La défense d'un revenu universel a gagné en popularité après la crise économique de 2007-2008. Elle est apparue comme une solution à la montée du chômage et du sous-emploi. Initialement défendue exclusivement par des acteurs marginaux du champ politique, elle a peu à peu été reprise par un nombre croissant d'économistes, d'intellectuels et de politiciens. La pandémie de Covid-19 a ravivé le débat : le revenu universel pourrait devenir plus qu'utile dans le contexte d'une économie fonctionnant au ralenti à cause des pandémies[7] et de la catastrophe écologique à venir. Cependant, cette

---

7. « The pandemic strengthens the case for universal basic income », *The Washington Post*, 10 avril 2020, en ligne.

revendication n'a rien de nouveau. Elle avait déjà suscité des débats lors de la crise économique de 1973. À l'instar, donc, des discours sur la fin du travail qui reviennent de manière périodique, le revenu universel semble être une « revendication de crise, brandie dans les situations de net recul social et de forte offensive des politiques d'austérité[8] ».

N'est-il pas étrange que cette mesure suscite une telle convergence entre des forces politiques opposées ? La réponse est non, si on considère que le revenu universel pose problème non seulement parce que ses présupposés sont erronés (l'automatisation totale ou l'avènement du précariat), mais aussi en raison de la vision politique qui le sous-tend. En effet, alors que le revenu universel est présenté souvent comme une mesure de justice sociale, voire comme une « voie capitaliste vers le communisme[9] », il s'agit avant tout d'une mesure qui s'inscrit dans une tradition libérale. Replacée dans l'histoire récente des politiques publiques d'assistance, l'idée d'un revenu universel prend tout son sens.

Les réformes néolibérales de l'État des années 1980 ont cherché à imposer l'idée que les aides sociales relevaient de la charité et non pas d'une forme de solidarité redistributive liée au travail. D'une lutte contre les inégalités portée par le mouvement ouvrier, nous sommes passés à une lutte contre la pauvreté portée

---

8. Daniel Zamora, « Introduction », *in* M. Alaluf et D. Zamora (dir.), *Contre l'allocation universelle*, Montréal, Lux Éditeur, 2016, p. 10.
9. Robert J. Van der Veen et Philippe Van Parijs, « A Capitalist Road to Communism », *Theory and Society*, n° 15, 1986, p. 635-655.

par l'action publique. En cela, le succès de l'idée d'un revenu universel accompagne le triomphe du néolibéralisme dans les années 1980. En effet, le revenu universel conçoit en termes individuels des phénomènes tels que la pauvreté ou la précarité, qui devraient en réalité être pensés de manière collective. Il n'envisage pas la société divisée entre des travailleurs, d'un côté, et des capitalistes, de l'autre. Au lieu de cela, il fait de l'individu le cœur de son projet politique, brisant ainsi toute solidarité de classe[10]. Cette vision n'est pas sans lien avec la représentation du travail entretenue par la plupart des défenseurs du revenu universel : si celle-ci est dépourvue de travailleurs, ce n'est pas seulement en raison d'une conception libérale de la société, mais aussi parce que le travail et les travailleurs auraient effectivement cessé d'exister[11].

Pour les défenseurs du revenu universel, la « gauche travailliste », nostalgique des Trente Glorieuses et aveugle aux transformations du capitalisme, continue à réclamer un retour à l'État social du passé et à ses politiques de redistribution. Elle ne voit pas que la globalisation, l'automatisation et la flexibilisation du travail ont rendu ce projet irréalisable. Selon eux, seul le revenu universel pourrait réintroduire un semblant de justice sociale dans des sociétés libérales de plus en plus inégalitaires.

---

10. Daniel Zamora, « Histoire et genèse d'une idée néolibérale », *in* M. Alaluf et D. Zamora (dir.), *Contre l'allocation universelle*, *op. cit.*, p. 15-36.
11. J.-M. Harribey et Ch. Marty (dir.), *Faut-il un revenu universel ?*, Ivry-sur-Seine, L'Atelier, 2017, p. 62.

Mais cette idée est contraire à celle de justice sociale. Elle met sur un pied d'égalité des individus qui contribuent de manière inégale à la production et à la reproduction de la société. Par là même, les défenseurs du revenu universel lissent les différences sociales et contribuent à effacer (dans les discours, non pas dans les faits) les classes sociales et la lutte entre des classes. Les défenseurs du revenu universel pensent que parce que celui-ci « libère » les travailleurs de la nécessité, il leur laisserait plus de temps pour se consacrer à des loisirs et participer à la politique, mais le revenu universel contribue au contraire à atomiser les individus. Ainsi, cette mesure renforcerait leur dépendance à l'égard de l'État, qui serait le principal redistributeur du revenu. Ce dernier, présenté comme une entité neutre, est pourtant imbriqué dans les rapports sociaux de classe, de genre et de race. Il est donc impossible de libérer les individus du travail tout en les maintenant dans une situation de dépendance à l'égard de l'État. Un des effets les plus pernicieux du revenu universel se trouve dans le fait qu'il remplace la relation salariale – où le pouvoir collectif des travailleurs s'exprime dans des conflits collectifs ou dans des négociations collectives – par une relation individuelle à l'État. En outre, cette dépendance représente un danger dans un contexte d'ascension des populismes et des gouvernements autoritaires dans le monde[12].

12. Ana Cecilia Dinerstein et Frederick Harry Pitts, *A World beyond Work? Labour, Money and the Capitalist State Between Crisis and Utopia*, Bingley, Emerald Publishing, 2021.

Pour finir, le revenu universel contribue à restreindre l'univers des possibles du mouvement social. Il réduit les enjeux sociaux et politiques de la transformation de la société à la nécessité d'une réforme législative dans le cadre des conditions actuelles de l'économie. Dans sa vision la plus à gauche, le revenu universel se veut une « voie capitaliste au communisme ». Pourtant, en se limitant à une réforme, il réduit la perspective communiste à une simple répartition des richesses, il ne défend pas un autre projet de société. Pour les défenseurs du revenu universel qui l'envisagent comme une simple mesure de justice sociale, il s'agit tout au plus d'étendre certaines mesures déjà existantes pour le mettre en place (impôt sur les revenus du capital, fusion des allocations existantes, suppression des prestations sociales, etc.). Enfin, dans sa vision libérale, cette mesure, en favorisant la suppression des acquis sociaux, permet à l'État de se concentrer uniquement sur la reproduction de la force de travail. Au lieu de chercher à transformer radicalement les rapports de travail dans les entreprises, de demander la planification de l'économie ou la démocratie sociale dans les entreprises, les défenseurs du revenu universel entretiennent l'illusion qu'il s'agirait d'implémenter par en haut la « bonne réforme » pour en finir avec la pauvreté, la crise écologique ou l'exploitation[13].

13. Alex Gourevitch et Lucas Stanczyk, « The Basic Income Illusion », *Catalyst*, vol. 1, n° 4, p. 150-177.

En dernière instance, le revenu universel est une mauvaise réponse à un faux problème. Cette revendication en dit moins sur les transformations du travail que sur l'abandon par la gauche de l'espoir et de l'ambition de construire une société radicalement différente de celle que nous connaissons, où l'on travaillerait beaucoup moins, et non pas pour enrichir une minorité, mais pour le bien commun.

Démocratiser l'entreprise

La deuxième proposition mise en avant pour résoudre la « crise » du travail consiste à démocratiser l'entreprise, c'est-à-dire à « répartir le pouvoir plus équitablement entre les actionnaires et les employé·e·s, d'une part, et, d'autre part, entre les groupes qui ont historiquement été à la tête des entreprises et ceux et celles qui sont encore éloigné·e·s des positions de pouvoir, comme par exemple les femmes et les minorités racisées[14] ». Cette proposition fait moins écho aux discours sur la fin du travail qu'à la place qu'occupe le travail dans la société. Pour autant, les transformations du travail décrites au fil de cet ouvrage posent la question du pouvoir dans l'entreprise. L'existence pérenne d'une fraction de travailleurs précaires dans l'incapacité juridique de se donner des représentants, l'apparition de plateformes numériques où les « collaborateurs » n'exercent aucun contrôle sur leurs conditions de travail,

14. Isabelle Ferreras, Julie Battilana et Dominique Méda, *Le Manifeste travail*, *op. cit.*, p. 18-19.

ou tout simplement le fait que les employeurs décident unilatéralement des conditions de travail dans les entreprises, rappellent combien la démocratie au travail est loin d'être un acquis. Et les témoignages autour de la souffrance au travail dans l'industrie ou dans les services sont légion. En cela, les suicides dans les entreprises ne sont que l'expression la plus cruelle de ce phénomène, comme l'a montré l'exemple de France Télécom.

Dans *Le Capital*, Marx montre que le travail sous le capitalisme se caractérise précisément par sa dimension coercitive. Pour lui, le capital agit en tant que « législateur privé » au sein de l'entreprise. Dans celle-ci, il n'y a ni séparation des pouvoirs, ni démocratie représentative, mais un système d'amendes et de punitions, faisant des usines des sortes de « bagnes mitigés[15] ». Bref, le capitalisme soumet les salariés à une véritable dictature au sein des entreprises. Cette situation aurait changé depuis le XIXe siècle : le capitalisme contemporain aurait peu à voir avec celui, disciplinaire, des premières fabriques telles que décrites par Marx. Pour Isabelle Ferreras, l'histoire du travail aux XIXe et XXe siècle est celui de sa sortie progressive de la sphère privée[16]. C'est-à-dire que le travail se soustrait progressivement à un régime de subordination domestique où le chef d'entreprise gère celle-ci selon son envie. Grâce au droit du travail, aux syndicats et à la négociation collective, l'entreprise

15. Karl Marx, *Le Capital. Livre 1*, trad. fr. J.-P. Lefevbre, Paris, Puf, 2009, p. 479.
16. Isabelle Ferreras, *Critique politique du travail. Travailler à l'heure de la société des services*, Paris, Les Presses de Sciences Po, 2007.

quitte peu à peu la logique de la sphère privée pour intégrer celle de la sphère publique. De même, pour Michael Burawoy, la manière dont le capital obtient le travail des salariés a changé au cours du temps. D'un régime despotique, où le travailleur est chaque jour poussé à revenir à l'entreprise par la faim pour y être soumis au fouet du contremaître, nous serions passés dans l'après-guerre à un régime hégémonique, où le consentement prime sur la coercition[17].

Certes, grâce au salaire minimum et à diverses formes de protection sociale (assurance maladie, assurance chômage, etc.), les travailleurs ne sont plus menacés de tomber dans la misère. De même, l'institutionnalisation des syndicats et de la négociation collective empêche, jusqu'à un certain point, le despotisme et l'arbitraire dans les relations de travail. Mais malgré ces progrès, on peut encore penser que la coercition fait toujours partie du monde de l'entreprise. Non seulement, comme le dit le Code du travail, le contrat de travail (lorsqu'il existe) consacre un lien de subordination, mais l'employeur possède toujours un pouvoir de direction qui se décline dans la possibilité d'infliger des sanctions disciplinaires à ses employés-subordonnés. De plus, même si les salariés en CDI sont encore plus ou moins protégés contre les licenciements abusifs, sans cause réelle et sérieuse, les indemnités prudhommales suite à un licenciement sont désormais plafonnées, ce qui rend les procès moins

17. Michael Burawoy, *Politics of Production. Factory Regimes under Capitalism and Socialism*, Londres, Verso Books, 1985.

coûteux pour les patrons qui voudraient se débarrasser d'un salarié trop contestataire. Et que dire des salariés en CDD, des intérimaires, ou des travailleurs de plateforme ? Plus le statut est précaire, plus le lien de subordination est fort. Il faut ajouter à cela la discrimination systématique dont font l'objet les représentants du personnel, c'est-à-dire l'existence de pratiques standardisées qui visent à décourager l'engagement syndical ou à y faire obstacle[18]. Enfin, même si les syndicats sont une barrière au despotisme patronal, ils sont absents dans de nombreuses entreprises, notamment les plus petites, qui restent souvent à l'abri des regards extérieurs. Bref, la démocratie politique et la démocratie économique (c'est-à-dire la démocratie dans les lieux de travail) semblent donc toujours antinomiques. La première devrait s'arrêter aux portes des entreprises, au nom de l'efficacité économique.

Il faut donc changer le travail en le démocratisant. C'est pourquoi se multiplient les propositions visant à démocratiser l'entreprise afin de rendre le travail vivable ou à faire en sorte qu'il ne constitue plus un « univers impitoyable[19] ». Comment faire ? Pour Thomas Coutrot, l'« entreprise horizontale » serait un modèle

18. Thomas Amossé, Jean-Michel Denis, « La discrimination syndicale : une discrimination comme les autres ? Enjeux et état des lieux », *Travail et Emploi*, n° 145, 2016, p. 5-30.

19. « Travail, ton univers impitoyable », émission de 2017 déjà mentionnée de *Cash investigation*, sur les conditions de travail dans les entrepôts de la grande distribution.

qui permettrait d'atteindre la démocratie économique[20]. Dans cette conception, la mission de l'entreprise est décidée avec les usagers et les décisions sont prises avec toutes les parties prenantes. Non seulement les informations circulent plus librement dans une organisation horizontale, mais plus une organisation est égalitaire, plus elle est efficiente économiquement. Enfin, la démocratie politique ne se porterait que mieux grâce à une démocratisation du travail. Moins un salarié a de l'autonomie dans son travail, moins il participe à la vie publique de sa communauté. Il sera donc un meilleur citoyen s'il jouit de plus d'autonomie au travail.

Ces propositions soulèvent un problème. Un des facteurs mis en avant comme encourageant la démocratisation des entreprises est le gain d'efficacité économique qu'elle permet. Pourtant, la recherche de cette efficacité économique dans une firme, qu'elle soit « horizontale » ou en autogestion, ne peut être justifiée que dans le cadre de la concurrence entre entreprises. Une véritable démocratie économique ne devrait-elle pas plutôt défendre précisément la recherche de finalités autres que la réalisation de profits ? De plus, dans le cadre de l'économie capitaliste, les entreprises horizontales peuvent-elles survivre face à la concurrence ? Pour cela, il faudrait qu'elles soient toutes horizontales, mais pour y arriver, il faudrait un tout autre rapport de force avec les employeurs. Enfin, s'il s'agit de défendre une

---

20. Thomas Coutrot, *Libérer le travail. Pourquoi la gauche s'en moque et pourquoi ça doit changer*, Paris, Le Seuil, 2018.

vision de l'entreprise guidée par d'autres missions que la recherche de profits, cela ne peut qu'entrer en contradiction avec l'existence de patrons, d'actionnaires et de revenus du capital, dont le but est précisément l'accumulation de profits. Autrement dit, on ne peut pas libérer le travail sans se libérer du capital.

Pour démocratiser le travail, je considère qu'il faut transformer autrement les entreprises. Si l'objectif est d'instituer une véritable démocratie économique, alors défendre une simple répartition du pouvoir plus équitable entre les actionnaires et les employés reste insuffisant. Il faut, plutôt, envisager le contrôle des salariés comme moyen de démocratisation du travail.

Différents acteurs du monde du travail défendent l'idée que le comité d'entreprise (CE, devenu aujourd'hui le comité social et économique) devrait disposer d'un droit de veto sur les décisions de l'entreprise, ou que les actionnaires devraient être contraints de négocier avec lui un accord pérenne sur les missions fondamentales de celle-ci. Or l'histoire de la représentation des salariés en entreprise a montré que toute tentative de participation de ces derniers à la marche de l'entreprise a été accueillie par une farouche résistance de la part des employeurs. Par exemple, le programme du Conseil national de la résistance, adopté en mars 1944, s'engage à instaurer la démocratie économique et sociale dans les entreprises, ainsi que la participation des travailleurs à la direction de l'économie. Lorsque les CE sont créés par ordonnance le 22 février 1945, la question de leurs prérogatives est immédiatement posée.

Néanmoins, pour le gouvernement provisoire, il est hors de question que les CE soient des organes de décision[21]. Ils se voient donc cantonnés à être informés et consultés sur les décisions économiques dans l'entreprise, sans avoir de véritable pouvoir.

On voit qu'un modèle de « contrôle » n'a jamais véritablement existé en France, contrairement à ce que l'on peut observer dans d'autres pays[22]. On peut pourtant trouver dans l'histoire quelques rares exemples de contrôle des salariés sur la marche de l'entreprise dont on peut s'inspirer. Un des plus intéressants est celui des délégués ouvriers à la sécurité dans les mines, à la fin du XIXe siècle. Le travail dans les mines était particulièrement dangereux et les accidents étaient très nombreux et meurtriers, à l'image de celui de Courrières qui avait provoqué 1 099 morts en 1906. Il faut attendre 1898 pour que les accidents du travail entrent dans la loi et 1919 pour que les maladies professionnelles soient reconnues. Malgré cela, tout est fait par les employeurs pour ne pas reconnaître un accident du travail ou une maladie professionnelle, parce que cela fait augmenter leurs contributions aux assurances maladies.

De ce fait, dans certaines mines, des délégués mineurs, élus par les ouvriers et parmi les ouvriers

---

21. Jean-Pierre Le Crom, *L'Introuvable démocratie salariale. Le droit de la représentation du personnel dans l'entreprise*, 1890-2002, Paris, Syllepse, 2003.

22. David Montgomery, *Workers' Control in America. Studies in the History of Work, Technology and Labor Struggles*, Cambridge, Cambridge University Press, 1979.

eux-mêmes, contrôlaient la sécurité pour prévenir les accidents, et intervenaient également après ceux-ci, afin d'en déterminer les causes et d'en établir la responsabilité. Ces délégués ont constitué un embryon de contre-pouvoir qui contestait l'autorité du patron sur l'organisation du travail. L'existence de délégués à la sécurité a aussi été constatée pendant l'entre-deux-guerres dans d'autres secteurs, tels que les chemins de fer, l'aviation marchande et la marine de commerce. Bien plus qu'une seule question de santé et de sécurité, cette forme de contrôle démocratique peut s'exercer sur une série de sujets, comme les comptes ou les décisions stratégiques de l'entreprise, le rythme de travail, ou encore, et surtout, sur ce qui est produit.

L'épidémie de Covid-19 a posé la question de la démocratie économique et du contrôle avec une évidence terrible. Plus que jamais, notre système productif est apparu comme une immense accumulation de marchandises, les unes plus inutiles que les autres. Il s'est montré en même temps incapable de fournir en temps et en heure les masques, le gel hydroalcoolique et les respirateurs nécessaires à la société pour affronter la pandémie. Inversement, une fois le pic épidémique d'avril-mai 2020 passé, plusieurs pays se sont retrouvés face à une surproduction de masques[23]. Pour autant, plusieurs entreprises non essentielles ont été maintenues ouvertes pendant les différentes vagues

23. « Coronavirus : de la pénurie à la surproduction, le nouveau couac des masques en France », *France Info*, 4 juin 2020.

de l'épidémie, mettant en danger les salariés et leurs familles. Alors que les préoccupations des employeurs se situaient ailleurs, un contrôle des salariés sur la santé et la sécurité au moyen de comités indépendants de l'employeur aurait pu ralentir l'épidémie tout en continuant de produire ce qui était nécessaire aux hôpitaux.

En finir avec le travail

Une dernière réponse à la « crise » du travail consiste à appeler à son abolition pure et simple. Il s'agit de voir la fin du travail comme une bonne chose, une perspective à embrasser afin d'échapper une fois pour toutes à la sujétion des individus au travail. Cette proposition, quoiqu'encore très minoritaire et cantonnée pour le moment à des cercles de la gauche radicale, gagne en popularité et mérite qu'on s'y attarde. Ce thème n'est pas nouveau mais a fait un grand retour suite à l'épidémie mondiale de Covid-19 qui a favorisé la dénonciation de la violence, quand ce n'est pas l'absurdité du monde du travail contemporain, si bien que de nombreuses voix s'élèvent désormais contre la société du travail et appellent à ce que ce dernier fasse de moins en moins partie de notre quotidien.

Selon les tenants de ce discours, le travail occuperait une place trop importante dans notre vie, on lui consacrerait trop de temps, au détriment de notre santé physique et mentale, au détriment de nos proches ou, plus généralement, au détriment du bien commun et de la planète. Il faudrait donc remettre en cause la centralité du travail dans la société, faire qu'il redevienne une activité marginale à laquelle on ne consacrerait que peu d'importance, comme à l'époque des chasseurs-cueilleurs, qui ne travaillaient que quelques heures par jour afin de subvenir à leurs besoins[24]. Cette proposition pose problème, au moins pour deux raisons. Tout d'abord, elle s'appuie sur une compréhension erronée des transformations du travail. Ensuite, elle a souvent pour horizon la dissolution des sujets collectifs et l'effacement de tout le potentiel subversif du travail[25].

Pour les penseurs anti-capitalistes qui défendent cette position, il faudrait tout d'abord pousser l'automatisation à son terme afin de réduire à rien le travail nécessaire dans la production de marchandises. Ceci donnerait lieu à une nouvelle division de la société, non plus entre bourgeois et prolétaires, mais entre emplois hautement qualifiés, emplois déqualifiés et travailleurs surnuméraires. Les emplois qualifiés ne correspondraient pas à ceux des ouvriers qualifiés ou à leur équivalent contemporain, celui de conducteur d'installations ou de moyens industriels. Il s'agirait plutôt d'un travail intellectuel – la recherche, la conception, le contrôle, la coordination et la communication : tout ce que l'on peut trouver dans le siège social d'une grande entreprise, loin des chaînes de montage ou des ateliers de fabrication. Rare et très bien payé, le travail de ces salariés ne serait

---

24. Malshall Sahlins, *Âge de pierre, âge d'abondance. L'économie des sociétés primitives*, trad. fr. T. Jolas, Paris, Gallimard, 1976.
25. Voir Juan Sebastián Carbonell, « La sociologie implicite du Comité invisible », *L'Homme & la Société*, n° 208/3, 2018, p. 249-268

pas mesuré en heures de travail mais en fonction des objectifs atteints.

Les autres emplois sont ceux d'entretien et de surveillance du processus de production. Il s'agirait de travailleurs déqualifiés mais non manuels, car ceux-ci n'interviendraient pas dans le processus de production, ils ne feraient que le surveiller. Fini l'« ouvrier-masse » des années 1970, ainsi que la parcellisation des tâches et le taylorisme. L'automatisation des procès de production donnerait naissance à un prolétariat « bouche-trou » et désœuvré. Dans cette perspective, grâce aux nouvelles technologies, sur les sites de production, le travail ne serait désormais plus un rapport entre l'homme et la nature, mais entre l'homme et la machine. Enfin, autour de ces deux groupes s'agglutinerait une armée de désœuvrés. Il s'agirait d'individus ayant été exclus de la production plus ou moins définitivement et qui ne trouveraient plus jamais de travail.

De la même façon, la fin du salariat et son remplacement par une précarité généralisée permettraient d'en finir avec le travail une fois pour toutes. Alors que Marx annonçait l'avènement du prolétariat comme candidat à la position de représentant de l'universel en raison de la décomposition de l'ordre féodal et de l'avènement du capitalisme, la fin du salariat serait, selon certains, l'occasion de fonder une société débarrassée de l'exploitation sans que cela implique de passer par une révolution. La multiplication des statuts de l'emploi ferait qu'il n'y aurait plus d'expérience commune du travail. Et qui dit fin du travail, dit aussi fin des conflits du travail[26]. Cette fragmentation rêvée du salariat ne serait pas à rejeter, mais à embrasser, comme un donné. Alliée à la mise en place d'un revenu universel, ou à une sortie de l'économie marchande, elle permettrait de réaliser le communisme en organisant le lien entre les restes du vieux monde.

La principale conséquence de cette analyse est que la grève aurait perdu son caractère subversif au profit d'autres options stratégiques comme le blocage (des flux informatiques ou des marchandises) ou une sortie du salariat dans des zones en apparence « libérées » de l'emprise du capital. De même, la dissolution des anciens sujets politiques collectifs aurait laissé la place à un sujet politique individuel et anonyme. Autrement dit, le travail ne faisant plus partie du procès de production, il n'y aurait plus d'arrêt de travail possible. Et les travailleurs ne disposeraient plus d'aucun privilège dans l'action politique[27].

Pourquoi cette option est-elle une illusion ? Il y a ici un effacement des classes sociales, des groupes ou même des « multitudes » au profit d'un sujet anonyme, individuel et interchangeable. Ainsi, ce ne seraient plus les groupes qui feraient l'histoire, mais des individus déterminés avec des moyens techniques appropriés. Participant d'une entreprise de délégitimation des acteurs collectifs – et en premier lieu du sujet ouvrier, longtemps identifié à une figure de l'universel –, les

---

26. C'est ce que défend notamment le Comité invisible dans *Maintenant*, Paris, La Fabrique, 2017, p. 19-20.

27. Comité invisible, *À nos amis*, Paris, La Fabrique, 2014, p. 93.

discours qui voient dans l'abolition du travail la conséquence directe des transformations du capitalisme ont pour but de rendre interchangeables les acteurs du changement historique. De mon point de vue, c'est pour pouvoir exister (politiquement) que ceux qui défendent la fin du travail dissolvent les sujets sociaux dans l'anonymat et l'interchangeabilité.

Enfin, chercher à « abolir le travail », c'est oublier deux choses. Tout d'abord, que le travail garde une centralité sociale, qui en fait la source de subsistance et de sens pour une grande partie des membres de la société. Sortir du travail demeure donc une alternative individuelle, sinon individualiste, inaccessible à la majorité d'entre nous. Ensuite, vouloir le faire, c'est oublier que l'on ne peut pas sortir du travail sans sortir de la division du travail, chose qui s'avère impossible. L'expérience de la ZAD de Notre-Dame-des-Landes en est la preuve : certes, dans cet espace, la production et la reproduction de la vie ne sont pas soumises aux lois du marché. Néanmoins, cette activité reste dépendante de la division capitaliste du travail. Comme le rappelle Frédéric Lordon, en tant que réorganisation du travail à une échelle exclusivement locale, elle est dépendante du reste de la société en ce qui concerne des outils, des médicaments et d'autres fournitures élémentaires. Autrement dit, tout espace alternatif où le travail serait aboli n'est pas autosuffisant[28] ; tout au plus, c'est un îlot

---

28. Frédéric Lordon, *Vivre sans ? Institutions, police, travail, argent...*, Paris, La Fabrique, 2019, p. 236.

dont l'existence dépend toujours d'une économie capitaliste. Pour autant, il ne s'agit pas ici de dire qu'aucune alternative au capitalisme n'est possible, mais plutôt d'affirmer que pour en finir avec le travail capitaliste, il faut libérer la vie du travail.

Libérer la vie du travail

Vouloir « abolir le travail », c'est donc se battre contre des moulins à vent. Pourtant, ne peut-on imaginer un autre futur du travail que celui que nous offre le capitalisme ? Dans un passage très cité du *Capital*, Marx développe la distinction entre royaume de la nécessité et royaume de la liberté. Il en donne pour critère le temps de travail :

> Le royaume de la liberté commence seulement là où l'on cesse de travailler par nécessité et opportunité imposée de l'extérieur ; il se situe donc par nature, au-delà de la sphère de reproduction matérielle proprement dite. [...] La seule liberté possible est que l'homme social, les producteurs associés, règlent rationnellement leurs échanges avec la nature, qu'ils la contrôlent ensemble au lieu d'être dominés par sa puissance aveugle et qu'ils accomplissent ces échanges en dépensant le minimum de force et dans les conditions les plus dignes, les plus conformes à la nature humaine. Mais cette activité constituera toujours le royaume de la nécessité. C'est au-delà que commence le développement des forces humaines en soi, le véritable royaume de la liberté qui ne peut s'épanouir qu'en se fondant, sur l'autre royaume, sur l'autre base, celle de la

> nécessité. La condition essentielle de cet épanouissement est la réduction de la journée de travail[29].

On voit ici qu'une des conditions pour libérer la vie du travail est l'extension du royaume de la liberté – c'est-à-dire un moment qui se situe au-delà du royaume de la nécessité, celui de la production et de la reproduction de la vie sociale –, ce qui revient à réduire la *journée de travail*[30]. Si l'on examine les données sur le temps de travail, on voit que le royaume de la liberté s'est déjà agrandi : le temps de travail annuel moyen a été réduit de moitié entre les années 1800 et les années 2000 en France, passant, sous l'effet de la législation sur le travail et des luttes du mouvement ouvrier, entre autres, de 3 000 heures par an en moyenne à 1 600 heures au tournant du millénaire[31]. La première législation du travail de l'époque moderne en France est la loi du 22 mars 1841 sur le temps de travail des enfants dans les usines. Avec cette mesure a débuté un long processus de réduction du temps de travail qui s'achève avec les lois Aubry de 1998 et de 2000 qui mettent en place les 35 heures.

Dans l'histoire du mouvement ouvrier, la réduction du temps de travail est associée au temps libre et aux loisirs, à un temps dérobé à l'emprise des employeurs.

---

29. Karl Marx, *Le Capital. Livre III*, trad. fr. C. Cohen-Solal et G. Badia, Paris, Éditions Sociales, 1976, p. 742.

30. Ce qui n'est pas la même chose que le *temps de travail*, comme nous le verrons plus loin

31. Olivier Marchand et Claude Thélot, *Le Travail en France (1800-2000)*, Paris, Nathan, 1997.

Elle est vue aussi par le mouvement ouvrier comme un moyen de répartir le travail entre toutes et tous et, ainsi, de contribuer à résorber le chômage et la précarité. Pourquoi la charge de travail devrait-elle être concentrée sur certains, tandis que d'autres subiraient le chômage et sont condamnés à la misère sociale ? Pourquoi devrait-on perdre notre vie à la gagner ? On peut penser aux paroles du peintre soviétique Kazimir Malévitch qui, suivant les pas de Paul Lafargue, voyait dans le travail une « malédiction », non pas divine, mais produite par la société capitaliste : « Le travail doit être maudit, disait-il, comme l'enseignent les légendes sur le paradis, tandis que la paresse doit être le but essentiel de l'homme. Mais c'est l'inverse qui se produit[32]. »

En effet, actuellement, c'est l'inverse qui se produit. Depuis quelques décennies, on constate en France une stagnation de la baisse du temps de travail, quand ce n'est pas une augmentation de celui-ci, de même qu'un développement du temps de travail à des horaires « atypiques », c'est-à-dire les week-ends ou la nuit. Une étude de 2015 montre que seulement 25,4 % des salariés déclarent travailler 35 heures par semaine, alors que 21,8 % déclarent travailler entre 36 et 39, 15,1 % entre 40 et 44 et 16,6 % déclarent travailler 45 heures ou plus[33].

---

32. Kazimir Malévitch, *La Paresse comme vérité effective de l'homme*, trad. fr. R. Gayraud, Paris, Allia, 2016, p. 11-12.
33. Élisabeth Algava et Lydie Vinck, *L'Organisation du temps de travail. Enquêtes conditions de travail, Synthèse' Stat'*, n° 12, Dares, ministère du Travail, de l'Emploi, de la Formation professionnelle et du Dialogue social, juin 2015.

Pour une majorité de salariés, les 35 heures n'existent tout simplement pas. La mise en place des 35 heures a aussi montré qu'une mesure qui se voulait progressiste peut se retourner contre les salariés. Des travaux ont montré que les 35 heures ont été utilisées par les entreprises comme un levier de flexibilisation du temps de travail et d'intensification de ce dernier[34].

L'échelle de l'organisation du temps de travail a également changé. Si autrefois la journée de travail était le cadre temporel dominant pour penser les activités productives, les entreprises organisent désormais le procès de travail à l'échelle d'une semaine, d'un mois, d'une année ou, de manière plus large, selon les besoins de la production. Cela a des conséquences en ce qui concerne le travail à des horaires « atypiques ». En effet, le samedi est habituellement travaillé par un quart des salariés, tandis que plus d'un salarié sur dix travaille le dimanche. Enfin, le travail de nuit est aussi très courant, puisque plus d'un tiers des salariés travaille habituellement ou occasionnellement entre 20 heures et minuit.

Pour illustrer ce point, prenons l'exemple de l'industrie automobile[35]. *En moyenne*, le temps de travail hebdomadaire d'un ouvrier est de 35 heures. Cependant, la mise en place des 35 heures au tournant des années 2000 est allée dans le sens d'une flexibilisation du temps de

34. Jérôme Pélisse, « Retour sur les 35 heures et ses ambivalences », *Savoir/Agir*, n° 3/1, 2008, p. 21-30.
35. Juan Sebastián Carbonell, « Négocier et contester la nouvelle organisation du temps de travail dans une usine automobile », *Socio-économie du travail*, n° 6, 2019, p. 91-118.

travail dans les usines. Dans un secteur qui a un fonctionnement saisonnier, des périodes de chômage technique alternent avec des périodes d'activité intense. À cela s'ajoute la mise en place de dispositifs de rattrapage de la production lorsqu'il y a des pannes ou des ruptures d'approvisionnement. L'entreprise se charge d'organiser cette flexibilité pour que le temps de travail moyen annuel soit de 35 heures. Ceci veut dire que le temps libre, constitutif du « royaume de la liberté » et au cœur des revendications du mouvement syndical depuis un siècle et demi, ne l'est plus vraiment. De plus en plus de salariés connaissent une « disponibilité temporelle » accrue, qui consiste à transformer tout temps hors travail en un temps potentiellement travaillé[36] : l'entreprise a besoin qu'ils soient présents au travail de plus en plus de samedis, de dimanches et de jours fériés.

La situation n'est pas enviable dans d'autres pays, où l'on constate un véritable vol du temps libre au travail depuis une quarantaine d'années. Aux États-Unis, entre les années 1980 et les années 2000, le nombre de pauses a baissé de 30 % pour les hommes et de 34 % pour les femmes. De la même manière, la durée des pauses a baissé de 29 % et de 25 % respectivement. Le temps entre deux pauses a aussi augmenté de 20 % pour les hommes et de 27 % pour les femmes[37]. Ces fractions de

36. Paul Bouffartigue, avec la collaboration de Jacques Bouteiller, *Temps de travail et temps de vie. Les nouveaux visages de la disponibilité temporelle*, Paris, Puf, 2012.
37. Kim Moody, *On New Terrain. How Capital is Reshaping the Battleground of Class War*, Chicago, Haymarket Books, 2020, p. 15-16.

temps, en apparence négligeables, sont une source de profits pour les entreprises. Ainsi, le syndicat United Auto Workers a négocié un nouvel accord collectif avec Ford en 2015 qui réduit le temps de pause d'une minute pour chaque heure travaillée. Cela veut dire que rapporté aux 53 000 salariés concernés, l'entreprise gagne sept mille heures de travail supplémentaires par jour, soit l'équivalent de quatre ans de travail.

Réduire le temps de travail pour étendre le « royaume de la liberté » ne suffit donc plus. Toute baisse du temps de travail peut être compensée par plus de flexibilité ou par une intensification du travail. En cela, une réduction du temps de travail ne peut vraiment avoir de sens que si ce temps est lui-même libéré de la domination du capital. Comme le rappelle l'économiste Michel Husson : « On ne peut être libéré de l'asservissement du salariat seulement à mi-temps : être exploité, contraint à un travail aliéné, ne serait-ce que deux heures par jour, c'est être asservi le reste du temps[38]. » De la même façon, aucun chômeur ni aucun précaire ne vous dira qu'il échappe à la nécessité : ils ne sont pas plus libres que des salariés. On peut même dire qu'ils le sont moins.

Pour y échapper, il faut changer le travail lui-même et non pas seulement réduire le temps qu'on y consacre. En cela, le « royaume de la liberté » dont parle Marx doit déborder sur le temps de travail, pour faire de celui-ci

38. Michel Husson, « Fin du travail ou abolition du salariat ? », *Critique communiste*, n° 144, hiver 1995-1996.

un temps libéré de la domination et de la contrainte. D'où l'importance d'un contrôle sur le travail par les salariés eux-mêmes, qui ne se réduise pas à une simple mise à égalité entre ceux-ci et les actionnaires mais qui leur permette de décider librement de son contenu et du sens à lui accorder, afin de lui donner un autre but que l'accumulation de profits. Cela reviendrait à décider collectivement ce que l'on produit et comment, à choisir démocratiquement quelles technologies utiliser, comment répartir le temps de travail entre tous et ainsi résorber la précarité et le chômage. Quand les travailleurs décident entre eux ce qu'ils vont produire et comment ils vont le produire, le travail acquiert une dimension politique, ce n'est plus de l'exploitation. Et il devient, par sa dimension politique, un outil d'émancipation. On voit donc que la question du contrôle et celle de la lutte pour une vie qui ne soit pas soumise au travail sont liées : la lutte pour un temps doublement libre (libéré du travail et du capital) peut devenir une perspective joyeuse pour le mouvement social, loin des calculs budgétaires qu'implique nécessairement le revenu universel, ou de la démission individuelle que représente le refus du travail.

Remerciements

Ce livre est le produit d'un effort collectif. Mes premiers remerciements vont à l'équipe des éditions Amsterdam pour leur confiance et leur travail. Je remercie aussi vivement Vincent Heimendinger et Solange Manche d'avoir relu le manuscrit et de l'avoir amélioré. La relecture par Haude Rivoal et par Lucas Tranchant a été très précieuse en ce qui concerne les univers de la logistique que je connais encore si mal. Ulysse Lojkine a apporté à ce livre son regard si particulier, entre philosophie et économie politique. Angelo Moro a été un lecteur particulièrement attentif, sans lequel mon propos aurait été beaucoup moins précis. Je remercie également Daria Saburova de m'avoir rappelé, par sa relecture exigeante, que dans les recherches sur le travail humain rien ne se fait sans le travail du négatif. Enfin, ce livre est aussi le produit de discussions avec mes collègues Lorenza Monaco et Tommaso Pardi, de même qu'avec Ioanna Bartsidi, Stephen Bouquin, Jordi Brahamcha-Marin,

Alice de Charentenay, Claude Didry, Yohann Douet, Paul Guerpillon, Nicole Lancereau, Ugo Palheta et Marina Simonin. Mes derniers remerciements vont tout naturellement à Aurore Koechlin. Elle a été la première à avoir eu l'idée de ce livre, et elle m'a aidé à maintenir sa boussole politique et théorique alors que je me perdais dans les méandres des transformations contemporaines du travail. Mais, surtout, je la remercie de m'avoir soutenu pendant les jours les plus difficiles de son écriture.

Récemment paru
aux Éditions Amsterdam

Paul Guillibert
Terre et Capital. Pour un communisme du vivant

Maxime Cervulle
Dans le blanc des yeux. Diversité, racisme et médias

Étienne Balibar, Antonio Negri et Mario Tronti
Le Démon de la politique

Ivan Segré
La Souveraineté adamique. Une mystique révolutionnaire

À paraître

Sirma Bilge et Patricia Hill Collins
Intersectionnalité. Une introduction

Raewyn Connell
Masculinités. Enjeux sociaux de l'hégémonie

Hourya Bentouhami
Judith Butler. Race, genre et mélancolie

Judith Butler
La Vie psychique du pouvoir. L'assujettissement en théories